KB176513

경성대학교
한국한자연구소 한자학 교양총서 01

한자학개요

이 저서는 2018년 대한민국 교육부와 한국연구재단의 지원을 받아 수행된 연구임
(NRF-2018S1A6A3A02043693)

경성대학교 한국한자연구소 한자학 교양총서 01

한자학개요

허 철 이해윤

역락

발간사

　경성대학교 한국한자연구소는 2018년 한국연구재단 인문한국
플러스(HK+) 지원사업(과제명: 한자와 동아시아 문명 연구-한자로드의
소통, 동인, 도항)에 선정된 이래, 한자문화권 한자어의 미묘한 차이
와 그 복잡성을 고려한 국가 간 비교 연구를 수행해 왔습니다. 이
총서는 그간의 연구 성과를 대중에게 전하고 널리 보급하는 목적
으로 기획되었습니다.

　우리 연구소의 총서는 크게 연구총서와 교양총서로 나뉘어져
있습니다. 연구총서가 본 연구 아젠다 성과물을 집적한 학술 저술
이라면, 교양총서는 연구 성과의 대중적 확산을 위해 기획된 시리
즈물입니다. 그중에서도 이번에 발간하는 〈한자학 교양총서〉는 한
자학 전공 이야기를 비전공자들도 흥미롭게 접근할 수 있도록 기
획된 제1기 시민인문강좌(2022년 7월~8월, 5개 과정, 각 10강), 제2기 시
민인문강좌(2022년 12월~2023년 1월, 5개 과정, 각 10강)의 내용을 기반
으로 합니다. 당시 수강생들의 강의에 대한 높은 만족도와 함께 볼

만한 교재 제작에 대한 요청이 있었습니다. 실제로 한자학 하면 대학 전공자들이 전공 서적을 통해 접하는 것이 대부분이며, 대중이 쉽게 접할 수 있는 입문서는 그다지 많지 않습니다. 〈한자학 교양총서〉는 기본적으로 강의 스크립트 형식을 최대한 활용하여 전공 이야기를 쉬운 말로 풀어쓰는 데에 중점을 두었습니다. 흡사 강의를 듣는 듯 한자학에 대한 기본적인 지식을 배울 수 있는 입문서를 표방하는 이 책은, 한자학에 흥미를 가진 사람들이 한자학을 접할 수 있는 마중물과 같은 역할을 할 수 있을 것으로 기대합니다.

이번에 발간되는 시리즈는 전체 10개 과정 중 1기 강좌분에 해당하는 '한자학개요'(허철, 이해윤), '한자와 성운학'(배은한, 신아사), '한자와 출토문헌'(신세리, 홍유빈), '한자와 고대중국어'(조은정, 허철), '한자와 중국고대사'(이성란, 이선희) 5권이 먼저 발간됩니다. 한자학의 기원과 구성 원리, 음운 체계, 변천사 등 한자학 전반에 대한 이해를 높일 수 있는 내용으로 편집되었습니다.

앞으로도 우리 연구소는 연구 과제를 수행하면서 축적된 연구 성과를 학계뿐만 아니라 대중의 지적 호기심을 충족시킬 수 있는 방법을 다각적으로 모색해 나아갈 것입니다. 본 사업단 인문강좌에 강의자로 참여해주시고, 오랜 퇴고 기간을 거쳐 본 〈한자학 교양총서〉에 기꺼이 원고를 제공해 주신 여러 교수님들께 감사드리고, 이 책이 발간되기까지 조언을 아끼지 않으신 사업단 교수님들, 그리고 역락 박태훈 이사님께도 감사의 말씀을 드립니다.

2024년 1월
경성대학교 한국한자연구소
소장 하영삼

머리말

    세계의 언어는 다양하며, 그 언어를 기록하는 도구로서의 문자도 언어의 수량만큼 다양합니다. 언어는 집단생활에서 필수적이었습니다. 개인과 개인은 언어를 통해 의사를 교류하며 함께 사회 구성원으로 역할 하였습니다. 사회의 발전과 발달에 문자는 음성 언어 못지않은 큰 역할을 담당하였습니다. 인류의 문명은 문자의 발명과 사용으로부터 시작되었다고 해도 과언이 아닙니다.

    인간은 음성 언어의 시공간적 한계를 극복하기 위해 문자를 발명하였습니다. 문자의 발명은 기록을 통한 정보의 저장을 가능하게 하였고, 저장된 정보는 시간과 공간을 넘어서 현재의 사람 간의 교류뿐 아니라, 옛날 사람들과 지금의 사람들, 지금의 사람들과 미래의 사람들이 서로 소통할 수 있는 길을 열어주었습니다. 문자는 인간과 동물을 구분 짓는 기준이 되며, 정보의 축적은 지식과 지혜의 바탕이 되었습니다. 역사 시대란 바로 사실을 기록할 수 있는 문자가 발명되고 사용된 시기를 말합니다.

    개별 국가와 지역에 거주하던 인류는 언어에 적합한 문자를 발명하였으나 모든 문자가 현재까지 사용되는 것은 아닙니다. 문자의 사용층은 역사 시기마다 달라 문자 또한 생성, 소멸, 변화됩니다. 과거의 문자 형태가 지금과 같지 않으며, 과거에 사용되었던 문자라고 하여 지금도 사용되는 것도 아닙니다. 또한 인류에게 언어가 필수적인 요소라면 문자는 도구로서 언어와 밀접하게 연관되어 발전하면서도 반드시 언어와 일치하지도 않습니다. 여러 이유로 특정 문자는 음성언어와 무관하게 사용되면서 적응하고 응용되며 발전하는 것이 일반적인 원리입니다.

대표적인 문자로 라틴문자와 한자를 예로 들 수 있습니다. 라틴문자는 대부분의 서양 언어체계에서 사용되지만, 라틴어에서 사용되던 모양 그대로를 사용하지 않습니다. 또한 라틴어를 기록하던 문자였으나 현재는 다양한 서양 언어를 기록하고 있습니다. 한편 한자는 기원전 3500년경 중국 황화지역에서 시작된 문자였고, 기원 전후에 주변국이었던 한반도와 베트남, 그리고 일본 등으로 확대되어 개별 언어와 공존하며 사용되었습니다. 라틴문자와 마찬가지로 한반도와 베트남, 일본에서 한자는 자국의 언어를 기록하였습니다. 개별 국가의 언어 속의 어휘 생산과 활용에도 큰 영향을 주어 한자어라는 독특한 문화 현상을 생성하였습니다. 라틴문자가 개별 국가와 민족의 언어에 적용되어 표기의 수단으로 활용되지만, 그 어휘의 의미(컨셉)는 개별 국가와 민족 언어 고유의 것이었다면, 한자는 그와 다릅니다. 한자는 개별 국가와 민족의 언어에 적용되며 표기의 수단으로 활용되면서도 그 어휘의 의미(컨셉) 또한 모든 국가에서 공통적입니다. 개별 한자의 의미는 어느 국가와 민족에서 활용되더라도 대부분 같습니다. 水는 물을 지칭하며, 巖은 바위를 가리킵니다. 단지 국가와 민족마다 개별 한자의 발음이 다를 뿐입니다. 물론 한자의 사용이 완전히 동일한 것은 아닙니다. 개별 국가와 민족은 스스로 한자를 생산하거나 기존 한자에 새로운 의미를 더하기도 합니다. 이렇듯 한자는 국가와 민족의 특성을 초월한 기록 도구인 동시에 또한 과거와 현재를 잇는 기록의 도구입니다. 한자는 동아시아의 가장 뛰어난 발명이었으며, 동아시아 한자문화권 형성의 기초입니다. 동아시아에서 한자는 필수 불가결합니다.

우리나라에서도 한자는 과거뿐 아니라 현재에도 큰 영향력을 가진 문자입니다. 우리의 역사와 문화 곳곳에는 한자가 깊이 관여되어 있습니다. 인명, 지명, 관직명 외에도 지식을 표현하는 학술 용어와 일반 생활 용어, 또 대부분의 문화유산은 한자로 기록되고 표기되어 있습니다. 일부 사람들은 이러한 사실을 부정하고 싶으나, 이것은 부정할 수 있는 사실이 아닙니다.

인류 문명사, 동아시아 그리고 한반도의 과거와 현재 모두에게 중요한 한자이지만, 한자에 대해 기초적인 이해를 하는 경우 또한 드뭅니다. 한자의 중요성과 필요성, 그 역할에 관해서는 이야기하지만, 실제 한자에 대해서는 일부 자원(字源) 정도만 말하는 경우가 대부분인 것도 사실입니다.

본 책은 한자의 시작부터 한자의 현재까지를 개괄적으로 서술하였습니다. 일반 대중들을 대상으로 강의했던 내용을 토대로 하였기에 친숙한 구어를 사용하여 마치 강의를 듣는 것처럼 구성하려고 노력하였습니다. 독자의 입장에서는 어떤 내용은 이미 알고 있을 수도 있고, 생각이나 의견이 다른 내용이 있을 수도 있습니다. 그런 다름은 또 다른 호기심과 발전을 위한 기초가 될 수 있습니다. 독자 중 누군가는 너무 일반적인 내용이라고 평가할 수도 있다. 이는 본 책의 독서층을 한자에 관심 있는 일반인들을 대상으로 하였기 때문이었음을 널리 이해와 양해를 구합니다.

끝으로 본 책이 나오기까지 수고해 주신 경성대학교 한국한자연구소 하영삼 소장님과 최승은 교수님께도 특별히 감사드립니다.

모쪼록 본 책을 읽는 독자들에게 좋은 독서 경험이 되기를 바랍니다.

저자 허철, 이해윤

차례

제1장

문자의 필요성과 발전

시작하며

안녕하십니까? 지금부터 여러분과 함께 한자에 관한 이야기를 하려 합니다.

이 글을 읽고 있는 분들을 포함해서 대한민국 사람들이면, 아니 우리나라를 넘어 전세계인 가운데 조금만 동아시아에 관심이 있다면 '한자(漢字)'라는 문자를 한 번 이상은 본 적이 있을 겁니다. 특히 동양권에서는 관광유적지 어디를 가도 한자를 볼 수 있고, 중국이나 일본·대만·싱가폴·말레이시아 등에서는 공항에 도착하는 순간부터 한자가 눈에 보이기 시작합니다. 심지어 매일 아침 배달되는 신문에도 한자를 제호로 쓰고 있고, 길거리에서 흔히 볼 수 있는 중국이나 일본 식당에도, 양꼬치나 마라탕 가게도 한자가 표기되어 있습니다. 심지어 우리나라 사람들의 많은 성과 이름은 한자가 대부분입니다.

생활 속의 한자 1   생활 속의 한자 2

우리나라 어머니들은 어린 자녀들의 어휘 이해력을 높이기 위해서 혹은 한자 급수 시험을 준비하기 위해, 한국인이라면 한자쯤은 알아야 한다는 생각이나, 인성교육에 도움이 된다는 등 여러 가지 이유로 대형서점에 가서 한글·숫자·영어뿐 아니라 한자 학습서를 고르고, 일부지만 어린이집이나 유치원, 초등학교에서 '한자' 교육을 합니다. 잘 아시는 것처럼 중고등학교에서는 '한문' 교과도 있습니다.

지식인이라면 아니 좀 배웠다면 한자를 몇 자 정도 알아야 한다, 자신의 이름 혹은 부모님의 이름을 한자로 쓸 줄 안다, 우리집 가훈 정도는 한자로 읽을 수 있어야 한다 등등 나름의 기준을 가지고 나는 50자 정도는 알아, 나는 최소 200자는 알걸 , 나는 한자급수 시험 몇 급이야 등등 사람들마다 아는 한자의 갯수를 이야기하고는 합니다. 또 우리말 어휘 중 한자어가 몇 %이고, 우리 민족문화와 불가분의 관계이고, 전통문화를 넘어 동아시아 한자문화권에서의 한자가 얼마나 중요한지 등의 위상을 말하기도 합니다.

우리나라 어문정책 방향의 문제를 이야기하고, 한글날이 되면 한자어는 빨리 퇴출되어야 할 반민족의 대표가 되기도 합니다. 해방을 전후하여 지금까지 이어지는 한자교육 찬반 논쟁은 여전히 탈출구가 없는 소모전이 된 지 오래입니다.

그런데 우리는 한자에 대해 얼마나 알고 있을까요? 몇 개의 한자를 알고 한자 교육의 중요성을 아는 것이 아니라, 문자로서의 한자에 대해서 얼마나 알고 있을까요?

이 책은 독자들에게 어떤 배경이나 주관 혹은 가치관의 입장에서의 한자를 말씀드리지 않습니다. 전세계에서 가장 많은 그리고 가장 많은 인구가 사용하는 문자 중 하나인 한자를 객관적 입장에서 '한자'에 대해 말씀드리고자 합니다.

문자의 필요성과 시작

한자를 이야기하기 전에 우선 생각해야 할 질문이 있습니다. 우리 인간은 왜 문자를 만들고 사용하고 있을까요? 우리 인류에게 문자가 없다면 어땠을까를 생각해보면 쉬운 질문일 수 있습니다. 만약 문자가 없었다면 지금 독자분들은 제 글을 읽지 못하겠죠. 문자가 없었다면 우리는 몇 천년 전의 사람들의 생활상을 알수 없고, 책이 없었을 테니 학습도 어른들의 육성을 통해서만 하고 있을 겁니다. 계약이 이루어질 수 없으니 어쩌면 상업사회는 아예 없었을 수도 있습니다. 문자는 영원한 기록이니까요. 다르게 말씀드리죠.

인간의 의사 소통은 결국 전달자와 수용자가 메시지를 전하고 수용하는 행위입니다. 직접 만남의 경우 발신자와 수신자에게 가장 중요한 의사 소통 도구는 말이 아닙니다. 많은 경우 상대방을 이해하고 의사를 전달하는 행위는 말이 아니라 몸짓입니다. 연구에 의하면 직접 대면에서 몸짓은 의사소통의 55%를 차지한다고도 합니다. 우리가 전혀 모르는 외국어를 사용하는 사람을 만났을 때를 상상해 보죠. 사실 그들하고 어떤 언어도 통하지 않습니다. 그럼에도 불구하고 그 외국인들과 아주 간단하지만 의사 소통이 이루어지는 것은 몸으로 보여주는 언어가 있기 때문입니다.

아직 말을 하지 못하는 어린아이의 의사를 엄마는 이해합니다. 배가 고픈지, 아픈지, 어디가 불편한지, 행복한지, 편한지 등등을 이해합니다.

어른들도 마찬가지입니다. 상대방이 내 말을 듣고 기뻐하는지 짜증을 내는지는 답변을 듣지 않다고 상대방 얼굴의 근육 움직임을 통해 충분히 알 수 있습니다.

아마 최초의 인류가 집단생활을 하는 그 때부터, 또한 자기와 다른 문화에 있는 사람들과 만났을 때 서로 간의 의사소통을 위해서 몸의 언어를 사용했을 것입니다. 그리고 거기에는 소리의 다양한 색깔이라고 하는 것들도 결합이 되었을 겁니다. 우리는 어떤 사람의 입을 통해 발화되는 말을 들을 때 그 사람의 말이 청유인지 아니면 명령인지 이런 걸 구분해 냅니다. 귀로 들어오는 소리를 통해 상대방의 목소리의 미세한 떨림이나 크기, 높낮이를 통해 청자는 발화자의 현재를 이해합니다. 친절함도, 명령도, 예의바름도 건방짐도 짐작합니다. 실제 그런 다른 느낌은 문자를 통해 알 수 없습니다. '아'라는 소리가 목소리와 높낮이, 그리고 길이와 만날 때 얼마나 다양한 의미로 풀이되는지 생각해 보시면 쉽게 이해할 수 있습니다.

이렇게 보면 언어는 인간과 인간의 수신과 발신에서 7%에 불과합니다. 우리가 외국 영화를 볼 때 영화 속의 등장 인물들이 무슨 말을 하는지 모르지만 대충이라도 그 장면과 상황으로 이해가 되는 것은 바로 38%의 언어외적인 요소와 55%의 행위적 시각성과 같은 비언어적 요소가 우리 사이의 의사 소통을 돕기 때문입니다. 그렇게 본다면 인간과 인간의 의사소통에서 7%에 불과한 말, 곧 언어라는 것은 매우 작은 숫자에 불과합니다.

그러나 이런 것들은 의사소통의 가능성을 말할 뿐 의사 전달의 정확성을 이야기하는 것은 아닙니다. 양적으로 보면 의사 소통 전체의 7%에 불과하지만, 인간의 의사 소통 언어는 한 언중 간의 약속으로 정교하고 치밀하면서 정확함을 추구하며 발전해왔습니다. 몸짓과 소리를 통한 소통이 수신자의 짐작과 추측, 추론에 불과한 모호함을 동반한 것임에 반해 인간의 언어는 언중 사이에 정확한 의미 전달을 합니다. 물론 이 또한 언어 외적인 요소가 더해져 그 효과가 배가 되지만, 기본은 언어에 기초합니다. 그런데 이러한 인간의 언어는 큰 약점이 있습니다.

바로 더 멀리 뻗어나가지도 더 오래 그대로 남지도 않습니다. 아무리 목소리가 크다 한들 100미터를 넘어서기는 쉽지 않습니다. 말하는 순간 시간과 함께 사라지기 시작합니다. 한번 스쳐 지나가면 다시 내 귀에 똑같은 말이 들리지 않습니다. 어떤 사람도 똑같은 말을 똑같은 방식과 말로 메시지를 반복해서 영원히 전달할 수 없습니다. 어제는 "사랑해"라고 했는데 지금은 "사랑합니다"라고 할 수 있습니다. 또한 말은 공간상으로도 제약을 받습니다. 제가 아무리 크게 말한다 할지라도 이 건물을 벗어나서 다른 사람에게 메시지를 전달할 수가 없습니다. 인류는 이 한계를 극복하고 싶었습니다. 인류가 녹음를 발명하기 전까지 음성 언어는 '보존'이 불가능했습니다.

인류는 오랫동안 자신의 의사와 약속, 행위를 장기간 보존할 기록이 필요했습니다. 사람들은 집단생활을 하면서부터 약속을 하게 되고 약속에 의해서 뭔가를 보존해야 한다고 생각합니다. 바로 '기록'의 필요성과 활용입니다. 현재 우리가 신분증을 가지고 있고 계약서, 증명서를 비롯해 온갖 종류의 문서를 가지게 된 이유입니다.

그림과 기록

모든 인류에게 기록의 시작은 그리기였습니다. 혹시 컨택트라는 영화를 보신 적 있으신가요? 컨택트라는 영화의 줄거리는 간단합니다. 어느 날 지구에 외계 생명체가 나타나기 시작합니다. 지구 방위군에서는 이들과 소통하고 싶지만 어떤 방법으로도 소통할 수 없었습니다. 외계인과 언어가 통하지 않는 상황에서 어떻게 서로 의사소통을 할 수 있을까 고민하기 시작합니다. 군에서는 민간의 기호 언어 학자를 찾아 외계인과 의사소통을 시도합니다. 기호학자는 그들과 의사소통을 하는 방법을 찾아내기 시작합니다. 규칙적 기호였고, 기호는 그리는 행위로 표현됩니다. 기호학자의 노력으로 외계인의 기호가 어떤 의미인지를 파악하고 서로 소통하는 데 성공합니다.

| 컨택트 영화 포스터 | 영화 속 소통을 시도하는 장면 |

이처럼 인류는 여러 가지 이유로 음성을 시각화하여 보존하기 위해 그리는 행위를 이용했습니다. 원시인들은 동굴이나 바닷가 바위 등에 그림을 많이 그립니다. 보통 주변에서 볼 수 있는 짐승 들을 그리게 되죠. 음성을 통한 말이 도달할 수 없는 거리와 시간 의 한계를 그림은 극복하였고, 이 그림은 당시의 상황이나 그리는 사람의 메시지를 전달하는 훌륭한 기록의 수단이 되었습니다. 그 리고 수 천 년이 흐른 지금 우리는 이 그림을 통해 그 당시 사람들 생활상을 발견할 수가 있을 뿐 아니라, 그 지역의 자연 환경도 파 악할 수 있게 됩니다.

울진의 반구대 암각화를 볼까요. 이 암각화에는 여러 가지 그 당시 바다에서 볼 수 있었던 해양 생물들이 들어가 있는데 이 해양 생물들을 잘 살펴보면 고래의 모양이 다양합니다. 우리는 이 그림을 통해서 당시 반구대 암각화가 그려진 주변에는 고래가 많이 등장했었다는 걸 알 수 있습니다. 그림은 당시의 작살 모양도 보여주고 사냥의 모습도 보여줍니다. 그리고 그 주변에 다른 모양도 나타납니다. 이것들을 통해서 그 당시 사람들이 살던 지역의 모습을 알 수 있습니다. 또 한 예로 스페인의 알타미라 동굴에 그려진 소를 통해 우리는 이 지역에 있는 사람들의 소 모양이 어떠했는지 알 수 있습니다.

울진 암각화[1]

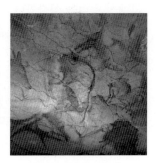

알타미라 동굴 벽화[2]

---

1   울산광역시 울주군 공식블로그 https://blog.naver.com/ulju_love/ 223354444986
2   whc.unesco.org/en/documents/110113

그런데 그림이 의사 전달의 수단으로 약속이 되려면 어려움이 있습니다. 그림은 오랜 시간이 걸립니다. 음성 언어의 속도를 따라갈 수 없습니다. 또 모든 사람들이 똑같은 모양의 그림을 그리지도 않습니다. 지금 이 글을 읽고 있는 분들에게 "사람"을 그려보세요라고 하면 아마 다 다른 그림을 그리실 겁니다. 더 어렵게 남편과 아내가 사랑하는 것을 그림으로 그려보세요라고 하면 어떨까요? 더 복잡하고 오랜 시간이 걸리고 그 결과물인 그림도 각기 다르다면 몸짓이나 소리의 단점을 극복하고 기록하는 시각적 매체가 되었으나 여전히 '모호함'과 '경제성', '효율성', '정확성'은 포기한 셈이 됩니다.

그래서 우리는 생각합니다. 어떻게 하면 그림의 공통점을 찾아 간략화하고 체계화시켜 '경제성', '효율성', '정확성'을 추구할 있을까? 우리가 찾아낸 방법은 간략화를 통한 대상물의 '기호화'였습니다.

간략화의 대표는 '결승(結繩)'입니다. 결승은 문자가 아닙니다. 그러나 결승을 사회적 약속을 하여 메시지를 전달했습니다. 그림으로 그리지 않아도 간단하게 몇 번의 꼼으로 의사를 전달하고 약속을 할 수 있었고 정확하였습니다. 밧줄을 묶은 모양에 따라 숫자를 나타냅니다. 이렇듯 밧줄을 묶어 의사를 표현하고 기록하는 것은 중국뿐 아니라 멕시코의 잉카 제국에서도 발견됩니다. 그림의 복잡성에서 벗어나 간단하면서도 정확한 기록의 수단이 필요했던 셈입니다.

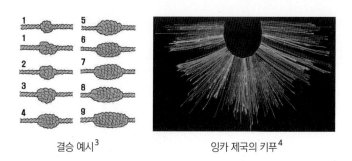

결승 예시[3]   잉카 제국의 키푸[4]

간략화된 형태, 곧 기호화입니다. 다시 말해 메시지 전달을 위해 그렸던 그림을 누구나 알아볼 수 있게 대상을 간략하지만 특성이 드러나게 표현한 것이 '기호'입니다. 기호의 전제 조건은 사회적 약속입니다. 사회적 약속이 없다면 의미가 없어집니다. 현재 우리 주변에서도 기호는 쉽게 찾을 수 있습니다. 숫자도 기호이고

---

3   https://ko.dict.naver.com/#/entry/koko/cca1921362b041229c5f4c33
     e4be1c5e
4   https://ko.wikipedia.org/wiki/%ED%82%A4%ED%91%B8

사칙연산의 표기도 기호입니다. 화장실 기호나 엘리베이터에 그려진 그림, 차도 위의 수많은 표지 모두가 기호입니다. 문자도 기호입니다. 그리고 이런 기호는 사용자들 사이의 약속에 의해 사용됩니다. 약속은 신뢰이며, 신뢰는 절대적이어야 합니다. 기호를 통해 우리는 약속을 하고, 약속을 지키며, 의사를 전달하고 수용합니다.

기호 예시1   기호 예시2

그럼 기호와 문자는 차이가 없는 것일까요? 이 둘 사이에는 명백한 차이가 존재합니다. 문자와 기호를 구분짓는 가장 큰 차이는 바로 언어 기록이 가능한가입니다. 둘 다 메시지를 전달하고 수신과 발신의 역할을 할 수 있습니다. 그러나 문자는 언어를 기록할 수 있으나 기호는 의미만 전달할 뿐입니다. 다시 말해 문자는 언어를 기록할 뿐 아니라 동일한 방식으로 읽기와 쓰기가 가능합니다. 이는 기호와 다른 점입니다. 기호는 발신자와 수신자로서 메시지를 이해하지만 그 이해의 방식은 결국 수신자와 발신자가 이해하는 모호함에 기초합니다. 반면 언어란 음성언어와 동일하게 읽고 쓰고 이해합니다. 이런 이유로 문자는 일반적인 기호가 가지고 있지 못하는 음가(音價)적인 표현 즉 음가적인 속성을 동시에 가지고 있습니다. 형태적인 면에서 더욱 간략화하여 더 기호화됩니다.

　지구상의 모든 인간은 언어를 이용합니다. 의사소통을 합니다. 그러나 모두가 언어를 가지고 있는 것은 아니며, 언어를 가진 모든 언중이 자기의 문자를 가지고 있는 것도 아닙니다. 반면 그림은 누구나 그리며, 그들만의 약속된 기호도 사용합니다.

　그렇습니다. 그림과 기호가 인류의 기록 역사에서 출발과 중간 과정이었다는 점은 변하지 않습니다.

기호와 문자 예시[5]

문자는 인간과 인간의 의사소통을 위해 오랜 시간 동안 발전한 시각적인 기호 체계입니다. 시각적인 기호 체계라는 말을 잘 기억하실 필요가 있습니다. 문자에서 시각을 빼놓고는 어떤 이야기도 할 수 없기 때문입니다. 설사 해당 문자가 표음 문자 혹은 자질 문자에 해당할지라도 여전히 시각과 촉각에 의해 수용되는 기호 체계입니다. 다른 말로 하면 문자는 인간이 귀로 듣거나 혀로 맛볼 수 있는 것이 아닙니다.

결론으로 말씀드리면, 문자는 인류가 생활하면서 필요했던 사

---

5   https://baike.baidu.com/item/2008%E5%B9%B4%E5%8C%97%E4%BA
%AC%E5%A5%A5%E8%BF%90%E4%BC%9A/329733?fr=ge_ala

회적 약속과 기록의 수단으로 그림을 이용하는 단계에서부터 발전되어 점차 약속된 기호로 변화하여 해당 언어를 기록하는 수단으로 남겨진 시각적 기호 체계라고 할 수 있습니다.

물론 이러한 문자 중에는 훈민정음과 같이 누가 언제 만들었는지 확실하게 알 수 있는 기록이 있는 문자도 있습니다. 하지만 훈민정음과 같이 특수한 문자를 제외하고는 대부분의 문자도 언제부터 누가 왜 무슨 목적과 의도로 만들었는지를 알 수 없습니다. 문자는 아주 오랫동안 인간의 필요로 시작되었고 사용자들에 의해 끊임없이 모양과 용도, 역할에 변화에 변화를 거듭하면서 규정되고 변경되고 표준화되면서 지금까지 이어져 사용되고 있기 때문입니다. 우리는 해당 문자를 현재의 사회가 규정하는대로 사용하고 있을 뿐입니다. 그러다 보니 문자라고 하는 것은 결국 시작점은 알 수 없습니다. 과학과 객관적 사실을 토대로 어디서 이렇게 시작되었을 것이라고 추측할 뿐입니다

문자와 한자

한자를 문자의 분류에서 말할 때 표의문자라고 말합니다. 어떤

학자들은 한자를 표형 문자라고 하기도 합니다. 또 어떤 이들은 한자는 오랜 역사를 거치면서 표의뿐 아니라 표음을 동시에 추구한 문자라고도 합니다.

물론 한자는 오랜 세월 사용자들에 의해 끊임없이 변한 생명체와 같았으니 이러한 주장은 현재의 입장에서 말하는 사람이 근거한 바에 의해 주장될 뿐이지 진실이나 진리가 되지는 않습니다.

그럼 일반적인 문자의 이야기부터 시작해 보도록 하겠습니다. 말씀드린 바와 같이 인류는 기록을 필요로 하였고, 기록의 시작은 그림이었습니다. 그리고 그림은 점차 시각적으로 표현 요소가 간략화되었고 사용층 사이에 운용상의 약속이 이루어지면서 기호화되었으나 완전히 회화적인 다시 말해 그림적인 요소를 벗어나지 못하였습니다. 이렇게 이미 기호화 단계에 접어들어 문자로 사용이 되지만 시각적으로는 여전히 그림과 같은 요소를 가지고 있을 때 우리는 이를 상형문자라고 합니다. 상형문자라고 부르는 데는 이렇듯 그림적인 요소가 많다는 의미로도 이해할 수 있지만, 다른 의미로는 당시 사람들이 기록하려는 대상물이 주변에서 흔히 볼 수 있는 것이었다는 의미이기도 합니다. 그림으로 표현할 수 있는 것은 시각적으로 주변에서 볼 수 있는 것이고 그것들은 당시 사람들에게 매우 중요한 자연환경이자 기록의 대상물이었습니다.

이런 이유로 전세계 역사상의 어느 나라든 모든 문자 생활의 시작은 상형문자입니다. 메소포타미아, 이집트, 인더스, 황화 등 4대 문명의 발생지에서 사용된 메소포타미아의 진흙판, 수메르의 쐐기 문자, 바벨로니아의 쐐기 문자, 이집트의 상형 문자, 마야 문자, 중국의 갑골문 등 모두가 그러한 예입니다. 그림이 조금씩 간략하게 기호화 되고, 그 기호화 위에 음가가 부여되고 새로운 의미나 의미의 전이가 일어나면서 사람들은 문자를 사용하여 자신들의 언어를 기록합니다.

설형문자 점토판[6]

---

6   https://terms.naver.com/entry.naver?docId=2810329&cid=55682&categoryId=55682

PROTO-CUNEIFORM
MIDDLE EAST
-33 C — -29 C

PROTO-ELAMITE
MIDDLE EAST
-33 C — -29 C

EGYPTIAN HIEROGLYPHS
AFRICA
-33 C — 1 C

EARLY DYNASTIC CUNEIFORM
MIDDLE EAST
-29 C — -23 C

HIERATIC
AFRICA
-29 C — 2 C

INDUS VALLEY SCRIPT
SOUTH ASIA
-25 C — -19 C

CUNEIFORM
MIDDLE EAST
-23 C — 1 C

LINEAR ELAMITE
MIDDLE EAST
-23 C — -19 C

상형문자 예시[7]

　그런데 이 상형문자에는 세계적 보편성이 보입니다. 수메르인이 그림을 그렸든지 이집트인이 그림을 그렸든지 혹은 중국 사람들, 히타이트족, 인도 사람들이 그림을 그렸든지 간에 산을 그릴 때 모두 비슷하게 그립니다. 왜냐하면 전세계 산의 모양은 보편적이기 때문입니다. 인도의 데바나가리 문자라든가 동아라비아의 숫자라든가 이런 것도 비슷한 면을 가집니다.

　반면 사람을 그리거나 술을 그리거나 양을 그릴 때 수메르 사람들이든 이집트 사람들이든 중국 사람들이든 어떤 특징을 잡아서 간략하게 그리고자 했던 욕구가 분명히 드러납니다. 관점의 차

7　　https://www.worldswritingsystems.org/

이가 생기기 시작한 겁니다. 관점의 차이는 곧 문화적 차이이자, 대상물에 대한 인식의 차이입니다. 이러한 예는 한 문화권에서도 나타나서 아래 그림에서와 같이 같은 갑골문의 人이라도 쓰는 방식이 조금씩 다릅니다.

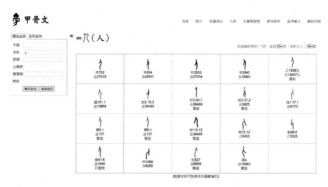

대만중앙연구원 소학당에서 갑골문 人을 검색한 결과

　　말씀드린 바와 같이 세계 문자의 발달은 모두 다 그림 문자부터 시작해서 크레타 문자, 이집트 문자, 수메르 문자, 갑골 문자 등으로 발전됩니다.

　　여기서 의문이 듭니다. 전세계가 모두 상형문자를 사용했는데, 왜 중국을 제외한 나머지 나라와 지역의 문자들은 더이상 '회화적인 요소'를 지닌 상형문자를 사용하지 않게 되었을까요?

가장 중요한 원인은 기록을 위한 서사, 즉 쓰기와 읽음에 불편하였기 때문이라고 생각해 볼 수 있습니다. 아무리 간략한 그림 형태가 되었다 하더라도 기록할 내용 전체를 그리는 것은 비경제적이고 불편한 일입니다. 여기에 더 중요한 원인이 발생합니다. 눈으로 보거나 상상해서 그릴 수 없는 기록 대상물들이 점점 더 늘어났기 때문입니다. 만약 상형문자를 고집한다면 여전히 회화성 곧 의미가 하나의 회화로 표현되어야 합니다. 기록 대상 어휘의 숫자가 증가할수록 더 많은 형태의 새로운 문자가 필요해집니다. 그리고 어떻게 그려야 하는지에 대한 고민도 쌓이게 됩니다.

어린아이들이 그림을 통해 자신의 마음을 표현하는 것은 아직 문자를 학습하지 않았기 때문입니다. 문자를 알고 자유자재로 사용이 가능해지면 아이들은 그림보다는 문자로 자신의 생각과 감정을 더 정확하게 표현합니다. 그림은 상황을 설명할 수는 있어도 전달을 정확하게 표현할 수 없습니다. 또 그림은 모든 것을 표현할 수 없습니다. 그림은 순간적 상황을 설명할 수 있지만, 시간의 흐름대로 전개함에는 한계가 있습니다. 또한 어떻게 그려야 할지 모르는 대상물도 계속해서 증가합니다. 곧 상형문자가 마주하게 된 문제는 바로 인류의 문명 발달과 깊은 연관이 있습니다. 이 문제를 해결하는 방법은 두 가지입니다. 내부적 해결 방법, 즉 상형

문자의 성격을 변화시키면서 지금까지 구축했던 문자의 특징을 최대한 유지하는 것입니다. 또 하나는 기존의 방법은 버리고 새로운 방법을 취하는 것입니다. 그러나 완전히 새로운 것은 없습니다. 기존 것을 활용합니다. 다만 그 원리와 원칙, 운용은 이전에는 없던 방식입니다.

한자는 첫번째 내부적 해결 방법을 선택했습니다. 왜 그런 선택을 하였을까는 너무 복잡한 추측이 필요하니 여기서는 말씀드리지 않겠습니다. 다만 이런 내부적 선택을 한 결과는 말씀드릴 수 있습니다. 한자의 수량이 문명의 발달과 비례하여 증가하고 이는 한자를 비판하는 가장 큰 이유가 됩니다. 문명의 비례는 새롭게 표현하는 어휘의 생산 필요성과 함께 의미를 명확히 구분해야 하는 필요성이 제기됩니다. 아시는 것처럼 한 개의 한자는 하나의 주된 의미를 가집니다. 사용자가 기록하고자 하는 어휘의 갯수는 곧 한자의 수량입니다. 한자의 수량은 곧 각기 다른 모양이라는 의미입니다.

조금 더 설명드리겠습니다. 현재 한자의 개별 종수를 보통 약 8만 자 정도라고 얘기합니다. 한자가 막 사용되었던 때도 8만 종이었을까요? 그렇지 않습니다. 우리가 현재 갑골문에서 확인할 수 있는 종수는 약 3천 종에서 4천 종 정도밖에 안 됩니다. 시간이 흘

러갈수록 한자의 종수가 증가한 것입니다. 종수가 증가했다는 건 다시 말하면 정보의 양이 늘어났다는 것이고, 정보 양이 늘어났다는 것은 표현해야 할 어휘의 숫자가 증가했다는 것입니다. 처음에는 남자, 여자를 구분했지만 남자, 여자를 구분할 때 다양한 관계를 구분하는 어휘는 필요하지 않았습니다. 아버지, 남편, 아들, 형, 동생, 연장자 등등은 모두 관계를 구분하면서 생겨난 개념 어휘입니다. 이때마다 새로운 형태의 문자가 필요했습니다. 처음에는 대장과 부하만 있으면 됐습니다. 그런데 사회가 발달하면서 왕도 만들어지고, 군인도 만들어지고, 거기에 제후도 만들어지고 양반도 구분할 필요가 생깁니다. 새로운 개념들이 생기면서부터 그것을 표시할 새로운 모양의 한자가 계속 필요해집니다. 새로운 개념이 등장하고 개념을 표현할 어휘가 필요해지고, 어휘가 있으면 시각적 한자가 필요해집니다. 이런 상황이다 보니 어휘를 발음으로 구분하는 것이 아니라 모양으로 구분해야 하는 한자는 그 종의 숫자가 기하급수적으로 증가합니다.

한자의 수량 증가는 또 다른 문제로 이어집니다. 한자 사용자 모두가 똑같이 기억하고 똑같이 사용할 수 없게 되었습니다. 인쇄술이 발달하지 못했던 시대에 어떤 한자의 모양을 똑같이 배웠다 할지라도 학습한 그대로 똑같이 서사하는 것은 불가능에 가깝습니다. 어떤 사람은 사람을 그릴 때 옆 모양을 보고 그리고, 어떤 사람은 앞 모양을 보고 그리고, 어떤 사람은 머리만 그리는 등 그림이 각기 달랐던 것처럼, 때에 따라 획이 빠지거나 더해지기도 하고 모양이 달라지기도 하는 등 한자의 모양이 달라지게 됩니다. 제한된 모양 속에서 각기 다른 한자 자형으로 표현하기 위해서는 시각적 차이가 미세할 수밖에 없었고, 미세한 차이는 분별과 사용에 어려움이 됩니다. 士와 土는 획의 길이의 차이 뿐입니다. 玉과 王은 점 하나 차이입니다. 犬과 太는 점의 위치만 다릅니다. 이러한 유사함은 곧 사용상 혼란함이 됩니다.

당시 한자 사용자들 사이에 한자의 모양에 대해 규범화, 표준화가 이루어지지 않았기 때문에 문자 소통의 문제점이 대두하게 됩니다. 쓰기도 어렵고 읽기도 어렵죠. 또 말을 기록하기 위한 도구로 활용하기 어려웠습니다.

두 가지 어려움이 나타납니다. 하나는 어쨌든 표기하기 전에 존재하는 어휘는 음가가 분명 존재하는데, 한자와 같은 표의문자는 의미를 모양으로 표현하기에 음의 표기를 정확히 할 수 없어 음가를 별도로 기억해야 하기 때문에 발생하는 어려움입니다. 정확한 음을 모르게 되기도 합니다. 사람들마다 음을 달리 하니 결론적으로 두 개 세 개 이상의 음으로 표현되기도 합니다. 두 번째는 언어가 가지고 있는 특성을 반영한 기록을 하기 어려워 다른 방법을 고안해내야 한다는 것이었습니다. 예를 들어, 한국어의 특성으로 조사가 있습니다. 이 조사를 과연 어떻게 표현해야 될까요? 아이들의 그림 일기를 보시면 그림 일기에는 조사가 안 들어가 있고 띄어쓰기가 없습니다. 그러면 이걸 어떻게 표현해야 될까요? 그림일기는 메시지를 위주로 하고, 인간이 말하는 것을 기록하는 문자가 아니기 때문에 특화된 운영법이 없습니다. 여기에 문제가 있습니다. 그래서 향가나 이두 등에 한자를 활용할 때는 한자의 음차와 훈차를 이용했듯, 중국에서는 한자를 운용할 때 실사와 허사라는 기능적 차이를 둡니다.

결국 언어를 기록한다는 문자의 기능에서 보면 상형문자는 절대적으로 불리합니다.

이제 두 번째 방법입니다. 기존의 방법은 버리고 새로운 방법을 취하는 것입니다. 여기서 인류는 획기적인 사고의 전환을 합니다. 서양은 여기서 아주 획기적인 새로운 아이디어를 만들어냅니다. 동양은 만들 수 없었던 새로운 아이디어를 만들어내는데 그것이 바로 레부스(rebus) 시스템입니다.

레부스 시스템이라는 건 음성언어를 음성언어대로 기록하는 방법입니다. 지금까지 사용했던 의미 중심의 표의성을 포기하고 음을 표기하되 기존에 사용했던 상형 문자의 일부를 가져다가 음성부호화합니다.

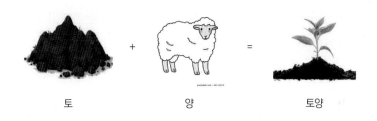

토   양   토양

왼쪽에 흙이라고 하는 우리가 단어가 존재합니다. 흙이라고 하는 것을 우리가 한자로 표현할 때 '토(土)'라고 합니다. 오른쪽은 '양'입니다. 하나는 흙을 나타내는 토고, 하나는 양을 나타내는 양입니다. 여기까지는 어렵지 않아요. 오른쪽에 보면 삽이 들어가 있는 거 있죠. 이걸 우리가 새로 토양이라는 이름을 붙일 거예요. 토양이라고 부를 때 앞에 있는 흙의 모양과 뒤에 있는 양의 모양을 합치면 이 '토양'을 표기하는 새로운 글자가 됩니다. 이때 절대로 흙 옆에 양을 보고 양이 흙과 무슨 관계가 있나 등의 의미적 해석을 해서는 안됩니다. 그냥 "토"+"양"="토양"입니다. 이 모양은 결코 토양을 설명해 주지도 의미를 보여주지도 않지만, 토양이라는 발음과 그 발음을 발화하고 들었을 때 발화자와 청자는 이미 머리 속에 토양이 어떤 것인지 인지하고 있습니다.

그럼 토+지=토지, 토+끼=토끼, 토+템=토템...이 되고, (흙 그림) 은 이제 흙을 표현하는 것이 아니라 "토"라는 발음만 표현하는 기호가 됩니다. 이렇듯 기존에 있는 어떤 글자의 음을 가지고 있는 두 세가지를 합해서 새로운 음을 표현하는 겁니다.

다른 예를 보죠. 사자라는 동물을 나타내는 어휘가 필요해졌습니다. 표의문자라면 사자의 특징을 잘 요약해서 그려야 합니다. 그런데 표음에서는 그럴 필요가 없습니다. 우리에게는 이미 '사' 라고 하는 네 개라고 하는 사라는 글자가 있습니다. 또 우리가 길이를 재는 자가 있어요. 그러면 넷이라는 숫자 4와 자라고 하는 길이를 나타내는 자와 둘이 합쳐서 사자라고 표현하면 되는 겁니다. 더 이상 사자를 나타낸 새로운 문자를 만들 필요가 없는 거죠. 이것이 바로 우리가 얘기하는 자음과 모음입니다.

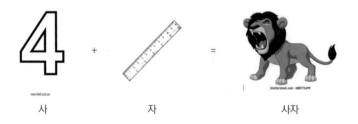

<table>
<tr><td>사</td><td>자</td><td>사자</td></tr>
</table>

이렇듯 레부스 시스템이 발전하다 보면 그것이 자음과 모음의 단계까지 이어집니다. 사실 인간이 낼 수 있는 발음은 최대 50개 정도이니 발음을 표현하는 기호도 50여만 있으면 충분합니다. 그것도 언어에 따라 줄어듭니다. 알파벳에 있는 26개의 글자 중에서 모음을 나타내는 4개를 빼놓고 나머지가 다 자음의 역할을 하고 나머지가 모음의 역할을 합니다. 26개의 모양이 어떤 음인지 알면 됩니다. 한글 같은 경우에는 14개와 10개의 문자가 자음과 모음의 역할을 합니다. 24개의 자음과 모음을 앞뒤로 조합해서 어휘의 음을 표현할 수 있게 됩니다.

레부스 시스템 도입 이후에 기존에 대량으로 사용하던 이집트 문자나 수메르 문자들을 획기적으로 줄여 음가를 표현하는 수십 개로 줄어듭니다. 더 이상 어휘를 표현하기 위해 그림 문자를 만들 필요가 없었습니다. 어휘는 이미 존재했고, 어휘는 음으로 존재하니 음을 표기할 수십 개의 기호만 있으면 충분했습니다.

그럼 중국의 한자에서는 레부스 시스템을 이용해 본 적이 없을까요. 비슷한 사례가 있습니다. 어휘의 증가에 따라 새로운 한자를 만들었지만 한자의 음가를 표현할 때는 이 레부스 시스템과 똑같은 아이디어를 이용합니다. 다만 전면적이지 않았습니다.

소수의 한자로 자음을 표현하는 '반절(反切)'방식입니다. 반절이라고 하는 건 앞에 있는 글자의 음가가 뭔지 모를 때 뒤에다가 앞 글자와 뒷 글자의 초성소리와 종성소리로 음가를 표현하는 방식입니다. 강을 표현하기 위해 가앙절 이라고 표기하면, 가에서 초성 소리인 ㄱ, 앙에서 종성소리인 ㅇ을 더한다는 의미입니다. 이때 소리에 사용되는 두 한자는 규정된 약속을 지킵니다. 초보적이긴 하지만 음가를 표현하는 기호를 활용한 방식입니다.

어쨌든 서양의 문자는 레부스 시스템 이후로 급격하게 표의문자는 사라집니다. 훌륭한 변혁이었습니다.

결국 서양은 기호 하나에 하나의 음가를 대응시키는 레부스 시스템을 사용하기 시작했고 레부스 시스템을 사용하다 보니 문자의 종류는 제한적이었으나 청각적 차별화를 위한 다음절 어휘가 증가합니다. 반면에 이 레부스 시스템을 쓰지 않았던 한자 같은 경우는 새로운 어휘의 의미에 해당하는 새로운 형태의 한자가 증가합니다. 예를 들어서 사람을 그림으로 바꾸려고 할 때 사람이 옆으로 서 있는 모양(人)으로 표현합니다. 사람이 앞으로 돌아와서 팔을 벌리고 서 있으면 큰 대(大)자가 됩니다. 큰 대자가 위에 선이 하나 그어져 있으면 하늘 천(天) 자가 됩니다. 사람이 땅을 밟고 서 있잖아요. 땅의 모양을 일직선으로 표현하면 설 립(立)자가 됩니다. 서 있는 사람이 옆에 또 한 명이 서 있으면 함께 병(竝)자가 됩니다. 이렇게 한자라고 하는 것은 각기 나타내고자 하는 의미가 있을 때마다 새로운 글자를 계속 만들어내야 하다보니 종 수가 늘어납니다.

　그런데 우리가 흔히 간과하는 것이 있습니다.

　표음문자화는 표기할 수 있는 문자의 숫자가 줄었을 뿐 그 문자를 이용해 표기해야 하는 어휘의 숫자가 줄어드는 것은 아니라는 점입니다. 표기해야할 어휘는 문명이 발달한다면 계속 증가합니다. 단지 그것을 표기하기 위해 표의문자인 한자는 새로운 한자 자형이 필요하듯, 표음 문자는 어휘의 차별성을 표현하기 위해 음가의 차이가 필요했고 다음절 어휘가 생산되면서 표음문자를 계속 나열하는 방식을 사용할 뿐입니다. 알루미늄은 한자로 鋁이지만, 영어로는 aluminium으로 9개의 문자를 나열할 뿐입니다.

문자의 분류와 한자

　전세계의 문자는 여러 사람에 의해 분류가 시도됩니다.

　한번 쯤은 들어보셨을 유명한 언어학자인 소쉬르는 전세계 문자를 표의와 표음으로 구분합니다. 그는 표의 문자는 ideographic

이라고 하여 어떤 아이디어가 있을 때 생각을 그림으로 표현한 것이라는 용어를 씁니다. 아울러 음성 문자는 phonetic이라고 이야기합니다. 표의 문자 중에 유일하게 현재까지도 쓰이고 있는 문자는 한자 뿐이 없습니다. 이후 블룸필드(Leonard Bloomfield)는 '워드(word-writing)'혹은 '로고 그래픽(logographic writing)'으로 구분합니다.

이후 여러 학자들의 구분을 시도하여 최근에는 문자를 회화 문자, 표의 문자, 표어 문자, 음절 문자, 음소 문자, 자모 문자, 자질 문자 등으로 구분하기도 합니다. 간단히 말하면, 회화 문자라는 것은 어떤 생각을 회화적인 요소로 표현한 것으로, 표의 문자입니다. 우리가 말하는 표음문자는 음절, 음소, 자모, 자질 문자 등으로 구분하여 말하기도 합니다.

한편 중국인들은 한자를 '사소(詞素) 문자'라는 표현하기도 합니다. '사(詞)'는 단어라는 의미입니다. 한자는 단어의 기본이 되는 문자라는 의미입니다.

한자 낙후설

I . J . Gelb.라고 하는 미국 학자는 『문자의 연구(A study of

writing)』라는 책에서 세계 문자의 발달을 먼저 표형이 있고, 그 다음 표의가 이루어지고, 표음이 이루어진다고 얘기했습니다. 전 세계의 문자를 살피다 보니 인류의 역사에서 문자는 대체로 이렇게 발전해 왔다는 주장이었습니다.

그런데 이 이론을 살피다 보니 여전히 표의 문자에 머물고 있는 한자는 전 세계 문자의 발달 단계에서 아직 1단계에 머무른 것이 됩니다. 의도치 않았지만 이 학설은 큰 파장을 일으킵니다. 사람들은 여전히 표의문자 단계인 한자는 표음문자 단계의 문자들보다 후진적인 문자라는 의미로 이 학설을 이용합니다.

그럼 과연 중국의 문자, 우리가 얘기하는 한자는 전세계의 문자 중에서 낙후한 비효율적인 문자일까요? 이 문제에 불을 지핀 것은 문자의 문제가 국가나 민족의 독립성이나 정체성 문제로 연결되는 비합리성에 있었습니다. 이들은 낙후된 문자를 쓰고 있는 중국은 당연히 낙후한 국가이고 동아시아들은 당연히 낙후한 문자를 쓰고 있는 아주 낙후한 국가와 민족들이라는 논리로 이어지기 시작합니다. 이런 인식에는 당시의 시대적 상황도 큰 역할을 하였습니다. 20세기 서양 세력의 전세계적 침탈행위는 특히 동아시아인들에게 큰 상처가 됩니다. 근대 시기 동아시아인들에게 서양은 적대와 두려움의 대상인 동시에 동경의 대상이었고, 반면 자국의 전통문화는 구시대적이고 개혁해야 할 대상물에 불과했습니다. 그러니 이런 논리에 많은 사람들은 한자를 낙후, 혹은 빨리 처분할 구시대의 유물처럼 취급하는 분위기로 전환되었습니다. 한자가 여전히 1단계에 머물러 있다는 설에 대해서 사람들은 다양한 태도로 반응합니다.

크게 세 가지 반응이 등장합니다. 첫 번째는 서양 사람들은 우리보다 훨씬 국력이 세고 그들은 우리가 가지지 못한 새로운 선진 문물 체계를 만들어 냈는데, 우리 동아시아 그렇게 발전하지 못한 가장 큰 이유는 한자 때문이라고 생각한 사람들입니다. 한자는 기억과 사용 모두에 불편할뿐 아니라 그에 따라 학습도 어려워, 일부 지식인들만이 한자를 통해 지식을 습득하고 활용할 수 있는데 반해, 서양의 문자는 누구가 한 나절이면 배워 쉽게 지식 습득을 할 수 있어 지식 사회가 될 수 있었고, 이로 인해 국력이 높아졌다는 주장입니다. 곧 한자의 미개성과 낙후성으로 인해 동양 사회는 병들고 약해졌다는 주장입니다. 그들은 한자를 폐기해야 한다고 주장한 사람들이었습니다. 그들에게 한자가 정체된 문자라는 학설은 자신들 주장의 합리성을 보충할 최대의 증거였던 셈입니다.

두 번째 부류는 서양인들의 주장과 상관없이 한자는 낙후한 문자가 아니라는 주장이었습니다. 그들은 서양과 우리는 인종이 다

한자학개요

르듯 문화가 다르며 그 선택 또한 다르니, 서양은 서양의 전통이 있는 것이고 동아시아는 동아시아의 전통이 있을 뿐 어느 한 나라의 잣대를 가지고서 그 다른 나라를 쉽게 평가할 수 없다고 주장하였습니다. 그들은 중국은 여전히 표의문자를 쓰지만 역사와 전통이 있는 훌륭한 민족이나 최근의 여러 상황이 어려울 뿐 단기간에 충분히 극복할 수 있다는 생각을 가진 사람들이었습니다. 그들에게 한자는 민족의 상징이었습니다. 그러니 한자가 낙후한 문자라는 누군가의 주장은 그저 그들만의 주장이라는 민족주의자들이었습니다.

세 번째 부류는 한자 또한 표의문자에서 벗어나 오랜 세월동안 표음 문자화되었는데 서양 사람들이 한자의 표음문자화를 제대로 이해 못하면서 표의문자라고 단정짓는 오류를 범했다는 주장입니다. 그들은 서양 사람들이 모를 뿐이지 한자는 이미 오래 전부터 형성 문자를 이용하고 있으며, 전체 한자의 90%가 형성문자이며, 이제 중국은 형성 문자를 넘어 표음 단계로 넘어가는 과정 중에 있다고 주장합니다. 단지 그 과정이 서양과 다를 뿐이라는 주장입니다. 그 예시로 드는 것이 바로 일본의 문자인 히라가나, 가타카나와 우리나라의 구결 등 한자를 이용한 표음문자화한 예들이었습니다.

이렇듯 세 가지 반응은 각기 다른 입장과 견해가 다릅니다.

이 세 가지 주장과 달리 처음부터 다시 생각해 볼 필요가 있습니다. 이 주장과 반응에는 우열과 나만이 옳고 나만이 최고다라는 자만이 깔려있습니다. 아시는 분도 있겠으나 중국 운남성의 소수민족이 사용하는 문자로 동파문(東巴文)이 있습니다.

유네스코 실크로드 홈페이지에 소개된 동파문[8]

8　https://en.unesco.org/silkroad/silk-road-themes/documentary-heritage/ancient-naxi-dongba-literature-manuscripts

사진에서 보시는 것처럼 여전히 회화 문자에 가깝습니다. 그림 문자가 어렵고 사용이 불편하다고 하지만 그들은 몇 천년 동안 사용하고 있습니다. 우리가 이들의 문자 생활을 미개하다, 어리석다고 판단하고 표현할 수 있을까요? 또한 앞에서 말씀드렸듯 우리 세계에는 언어는 존재하나 문자가 없는 언중들도 있습니다. 그럼 이들은 미개한 문화에 머물러 있는 개화의 대상일까요? 그러지 않습니다. 그들은 그럴 필요가 없었고 그것이 필요치 않았기 때문입니다. 불편하고 필요해야 바꾸고 만드는 것입니다.

때문에 문자의 사용이나 생성, 발전은 모든 국가와 모든 지역에 동일한 현상이 아닙니다. 국가의 언어 환경이나 필요성에 따라 다를 뿐입니다. 우리가 말하는 문자라고 하는 것은 그 나라가, 그 언중이 자신들의 필요에 따라서 선택해서 발전시키며 사용했거나 사용하는 언중이 선택한 시각적 기록 기호 체계일 뿐입니다. 자신들의 사용 용도에 적합하다면 그것이 그들에게는 최고의 문자일 뿐입니다.

우리 누구도 어떤 상황에서 우리가 가진 것이 우수하고 훌륭한 것이며, 우월한 것이며, 상대방은 낙후하고 수준 이하라고 판단할 자격은 없습니다. 모두가 같은 시선으로 같은 방향만 바라볼 필요는 없습니다. 그게 문화이고, 그게 사람입니다.

마찬가지로 사용자가 선택한 한자를 두고 누구도 발전 단계에 있다거나 낙후한 것이라거나 열등한 문자라고 규정지을 수 있는 것이 아닙니다. 각 나라와 민족이 각자의 이유로 선택한 결과물이고 그 자체로 존중받아야 하는 문화 소산입니다. 똑같은 이유로 조선시대의 조공정책도, 향가라는 명칭도, 한글을 반대했던 사람들도, 중국의 간화자 정책에 대해 비판할 수는 있어도 비난이나 힐난 혹은 무시의 대상이 아닙니다. 모든 현상에는 그렇게 될만한 이유와 근거가 있으며, 존재 자체로 존중받아야 하기 때문입니다.

제2장

한자의 속성

이 강에서는 한자는 다른 문자와 어떤 다른 점이 있는가에 대해서 이야기를 해보려고 합니다. 한자는 언제부터 사용되었을까요? 한자는 다른 문자와 다르게 어떤 특성을 지니고 있을까요? 한자는 문자의 측면에서 봤을 때 어떤 장단점을 지닐까요? 이 질문은 한자 교육의 필요성을 주장하시는 분들에게도 매우 중요한 이야기인 것 같습니다.

'한자'라는 명칭의 유래

'한자'라는 명칭은 언제부터 사용하게 되었을까요?

한자라는 명칭은 『금사(金史)』라는 책에서 가장 먼저 발견할 수가 있습니다. 중국 사람들은 스스로 한자라는 명칭을 쓰고 있지 않았습니다. 중국 사람들은 스스로가 쓰는 문자를 그냥 '문자'라고 불렀습니다. 그런데 외부 사람들이 볼 때는 이건 "중국 사람들이 쓰는 문자야. 우리가 쓰는 문자랑 달라. 그러니까 한나라 사람들이 쓰는 문자야"라는 의미에서 '한자'라는 말을 쓰게 됩니다.

『금사』의 기록을 보면 "18년에 금원군왕에 봉해질 때에 처음으로 우리나라의 말과 글자들을 익혔고, 한자로 만들어진 경서들을 학습하여서 진사 완안광, 사경 서효미 등이 옆에서 같이 읽어주었다(十八年, 封金源郡王。始習本朝語言小字, 及漢字經書, 以進士完顔匡, 司經徐孝美等侍讀)."라는 표현이 나옵니다.

여기에 사용된 '한자'라는 명칭은 금나라 사람들이 사용하는 문자가 아니라는 것입니다.

두 번째 기록도 보면 "여진 초에는 문자가 없었는데 요를 파하고 거란인과 한나라 사람을 잡은 후에야 비로소 거란, 한자 등을 통할 수 있었고 이에 여러 자제들이 모두 그것을 학습하였다 (女眞初無文字, 及破遼, 獲契丹, 漢人, 始通契丹, 漢字, 於是諸子皆學之)."라고 되어 있습니다. 곧 한자는 한인, 즉 중국인의 문자임을 분명히 하고 있습니다.

이렇듯 당시 금나라 사람들이나 여진인들은 중국인들의 문자를 '한자'로 부르고 있습니다. 이는 현재도 마찬가지입니다. '한자'라고 할 때 '한(漢)'은 중국 역사상에 존재한 한나라를 의미합니다. 여기서 재미있는 것은 우리가 중국을 칭할 때 주로 사용하는 '차이나(China)'라는 어휘와는 차이가 있습니다. 차이나는 아랍 사람들이 접촉했던 진나라를 불렀던 명칭에서 유래합니다. 당시 유럽 사람들은 중국을 이야기할 때 '한'이라는 표현을 잘 쓰지 않고 '진'이라는 말을 주로 사용합니다. 혹시 '지나(支那)'라는 표현을 들어보신 적이 있는지 모르겠습니다. '지나', '지나인' 등도 진나라를 의미하는 겁니다. 또한 영어로 'Sino'라는 표현을 써서 'Sinograph', 'Sinology' 등을 말하기도 합니다. 여기서 'Sino'도 진나라를 의미합니다.

그런데 중국 사람들 스스로는 진나라보다는 한나라를 더 높게 평가하려는 태도가 있습니다. 진나라 최초의 통일 황제국가임에도 불구하고 3대를 못 가서 망한 짧은 황제의 국가이기 때문일 뿐 아니라 온갖 폭정이 있던 국가였음은 잘 아시는 사실일 거라 생각합니다. 중국인들을 진나라를 우리를 대표할 국가는 아니라고 생각합니다. 반면 한나라 때 와서 중국은 문화가 융성해지고 경제력과 군사력이 강력해졌습니다. 한나라는 진나라에 비해 중국 사람들에게 큰 문화적 자부심이 있는 국가였습니다. 중국인들은 여전히 자신들을 '한족', 곧 한나라의 후예라고 생각합니다.

더욱이 중국의 주변 나라가 볼 때도 한나라는 거대한 제국이었습니다. 서양인들이 봤을 때는 그들은 '진나라'이지만 동양인들이 볼 때는 '한나라'가 중국의 대표 국가였던 셈입니다. 주변 국가 사람들은 한나라 사람들이 쓰는 문자는 '한자', 한나라 사람들이 쓰는 문장은 '한문'이라고 호칭합니다. 그 나라 사람들도 '한족', '한인'이라고 부르는 등 중국의 대표는 한(漢)이 됩니다.

그렇다면 우리나라 사람들은 한자를 어떻게 불렀을까요? 우리나라 사람들은 한자를 진서(眞書)라고 부르고 우리나라 글자는 '언문(諺文)'이라고 불렀습니다. 한자를 쓰는 것은 진정한 정말 훌륭한 글자를 쓰고 있는 것이고, 훈민정음을 쓰고 있는 것은 우리 지역만 쓰고 있는 비루한 글자라는 의미를 담고 있다고 말하기도 합니다. 이러한 태도는 훈민정음을 창제 당시의 상황에서도 볼 수 있습니다. 신하 최만리가 올린 상소문이 대표적입니다. 최만리는 어떻게 우리가 진문을 버리고 이 비루한 언문을 쓸 수 있냐고 말했다가 세종대왕에게 벌을 받습니다. 그 정도로 우리나라 사람들에게는 한자가 그냥 단순한 한자가 아니라 일종의 종교처럼 여겨졌습니다. 그런데 이건 표면적인 해석에 지나지 않습니다. 당시의 사회 정치 사상으로 볼 때 그들의 의식 속에 '언문'이란 지금 우리말로 하면 한국문자입니다. 그들에게 '한자'는 동아시아 공통 문자인 동시에 아버지의 글이니 함부로 바꿀 수 있는 것이 아닌 보존해야 할 체제였습니다. 한자를 중국어의 문자, 중국의 문자로만 생각하고, 현재의 입장에만 해석하려하는 것은 한번쯤 생각해 봐야 할 문제입니다.

이왕 한자가 한나라의 문자라는 의미로 사용되었지만, 후에 이 명칭은 중국인들이 스스로의 문자를 부르는 명칭으로 사용되어 현재까지도 이어집니다. 문제는 한자를 정의하는 방법입니다. 후에 논의하겠지만, 한자를 한어(중국어)를 기록하는 문자부호체계로만 규정한다면 한자는 중국어와 불가분의 관계에 있게 됩니다. 그러나 한자를 중세시기 동아시아의 공통 문자부호체계로 규정하면 한자는 음성언어와 불가분의 관계가 아닌 선택의 관계가 됩니다.

어찌되었든 우리의 현재는 이 첫번째 의미로 이해하고 인식하는 사람들과 두번째 의미로 이해하고 인식하는 사람들이 공존하고 있습니다. 대상물인 '한자'는 하나인데, 이해하고 해석하는 방법이 여럿이다 보니 참으로 어려운 상황들이 발생합니다.

한자의 특성

그럼 한자는 문자의 입장에서 보면 다른 문자와 다른 어떤 특징을 가지고 있을까요? 제1강에서 잠시 언급하였듯 한자는 어소(語素) 문자 혹은 사소(詞素) 문자라고 표현하기도 합니다. 한자는 한 단어를 구성하는 기본 바탕이 되는 문자라는 뜻입니다.

예를 들어, '인(人)'이라고 하는 한자는 사람이라고 하는 의미를 담고 있습니다. '인간'이라는 어휘를 구성하는 요소이며, '인류'라는 어휘에서도, '외계인'이라는 어휘에서도 인(人)은 해당 어휘를 구성하는 요소가 됩니다.

참고로 말씀드리면 인(人)이라는 한자는 사람이 옆으로 서 있는 모양을 그린 그림에서 출발합니다. 가끔 어떤 한자 설명 관련 도서나 혹은 한자를 이용해 뭔가를 설명하는 책에 보면 한자 사람 인자는 두 사람이 서로 마주 보고 서로를 지탱하는 모습이라고 하는 데 그건 틀린 설명입니다. 우리는 이런 해석을 보고 문화적 혹은 자의적 해석이라고 합니다. 곧 오랜 동안 사람들이 그렇게 설명해왔고 믿어오지만 근거가 약한 설명이라는 겁니다. 이런 틀린 설명을 하는 예로 남편 부(夫)'도 대표적인 예입니다. 누군가는 '남편 부(夫)'자를 보면 하늘 천(天)자보다 위에 뭔가 삐져나온 모양이 더 있는데, 이것을 보면 남편이 하늘보다 높은 존재라고 옛날부터 믿었으니 당연히 남편이 하늘보다 높은거야라는 가부장적 사고를 여과없이 드러냅니다. 거기에 한자의 모양을 이용합니다. 1강에서도 말씀드렸듯 그림이라는 건 그리는 사람도 중요하지만 그걸 받아들이는 사람도 중요합니다. 그리는 사람은 그런 의도가 전혀 없는데 받아들이는 사람들은 자신의 주장이나 주관을 확인하는 아주 다른 용도로 사용하기도 하기 때문이죠. 한자학에서 말하는 이 글자의 풀이는 사람이 큰 팔을 벌리고 서 있고, 그 사람의 머리 위에 결혼한 남자를 표시하는 어떤 상징이 있는 모양이라고 합니다. 하늘이니 하늘보다 높다니 이런 것은 아무 관계가 없습니다.

한자를 풀이할 때의 이런 해설도 문제가 있지만, 또 다른 문제는 옛 것을 지나치게 강조하며 지키려는 묵수적이며 지나치게 보수적인 태도의 견지입니다. 일상 생활뿐 아니라 한자의 의미를 설명할 때 그런 경우가 흔히 발견됩니다. '지아비', '계집', '놈' 등 과거 봉건제의 영향을 받은 훈을 여과 없이 그대로 사용합니다. 이런 새김 속에는 이미 사용하지 않는 어휘 표현이거나 상대방을 비하하는 부정적 요소가 들어가 있습니다. 이런 요소는 여러 사람들로 하여금 한자 교육을 부정하게 하는 요인이 되기고 합니다. 이러한 한자의 훈은 당연하게도 현재 말로 '남편', '여자', '사람'으로 고쳐져야 합니다. 한자의 의미를 표현하는 어휘는 고정불변이 아니라 시대의 언어 습관에 따라 변화하는 것입니다.

어쨌든 위의 예시에서 든 '인간', '인류', '외계인' 등의 어휘에서 '인(人)'이라고 하는 글자는 어휘를 구성하는 요소로 작용합니다. 결국 구성요소인 '인'은 해당 어휘의 기본적인 의미로 작용합니다. 이렇게 어휘를 이루는 요소란 의미를 한자로 표기하면 '어소(語素)'입니다. 반면에 영어의 'thing'이라고 하는 어휘를 보면 그 차이를 확인할 수 있습니다. 'thing'은 표기 자체가 어떤 의미를 담고 있지는 않고 발음적인 요소만을 가지고 있어 th와 i, ng으로 구분됩니다. 여기서 알파벳은 어휘 발음의 각 요소로 역할을 합니다. 이렇게 음의 요소로 작용할 때 그 요소를 '음소(音素)'라고 합니다.

한편 한자의 3요소를 형과 음·의라고 들어본 적이 있으리라 생각합니다. 그 중에 가장 기본이 되는 것은 문자로서의 형태입니다. 제1강에서도 강조했듯이 문자는 시각적입니다. 따라서 의미를 표현하든 음을 표현하든 형태는 가장 중요한 변별적 요소입니다. 이 형태가 없다면 문자가 아닙니다.

그렇다면 한자 모양의 출발점은 무엇일까요? 바로 그것이 표현하고자하는 '의' 곧, 한자의 의미입니다. 의미를 표현하기 위해 모양이 만들어지니까요. 그런데 의미를 얘기할 때 제가 한자로 '뜻 의(意)'자를 쓰지 않고 '옳을 의(義)'자를 썼어요. 많은 분들이 의(意)라는 한자, 즉 '뜻 의'자를 써야 되는 건 아닌지 물어봅니다. 다시 말해 형·음·의라고 지칭할 때 의는 '意'를 써야 되는 거 아닌지 생각합니다. 그런데 옛 사람들은 그 글자의 모양은 마땅히 이

뜻을 반영해야 옳은 것이라는 관념을 가지고 있었습니다. 일반적으로 '옳을 의(義)'자를 '정의롭다'는 의미로 이해하는 경우가 많은데, 이 한자의 원래 의미는 '마땅한, 마땅하게'입니다. 사람이 마땅히 지켜야하는 게 의(義)이며, 신하가 마땅히 지켜야 하는 것이 의(義)입니다. 따라서 어떤 한자의 모양은 마땅히 그 의미의 표현이어야 하므로 의(義)자를 사용합니다. 그 형태는 마땅히 표현해야 하는 의미와 연결되어야 하며 그렇지 않으면 의(義)가 아닌 셈입니다. 마땅하다는 의미는 결국 의미와 모양의 연결성에서 출발합니다. 이런 이유가 조금 더 확장되어 표의 문자라고 합니다. 그때의 표의는 '옳을 의'자가 아니라 '뜻 의'를 씁니다. 초기 한자를 만들 때는 의미에 따른 모양이 만들어지지만, 모양이 곧 의미를 나타내니 입장의 차이에 따라 한자의 사용도 달라집니다.

어쨌든 의미를 표현하는게 한자의 모양입니다. 따라서 의미가 발전할수록, 다른 말로 어휘가 증가할수록 모양도 증가합니다. 한자의 수량 자체가 증가할 수밖에 없습니다. 시대가 흐르고 사람들의 인지 수준이 올라갈수록 표현해야 하는 어휘의 숫자가 늘어납니다. 새로운 대상물이 나타나는 경우도 있지만, 의미를 세분화하여 구분하려 할 때도 있습니다. 예를 들어, 울음과 관련된 한자들입니다. 곡(哭)은 소리 내서 우는 것이고, 루(淚)는 눈물이 떨어지는 모양을 말하며, 읍(泣)은 소리를 참아내면서 눈물을 흘리는 것입니다. 이렇게 보다 명확한 의미로 구분을 해야 하니, 어휘는 증가하고 이를 표현해야 할 한자의 수도 증가합니다. 물론 한자의 수가 증가하는 것에는 사람들의 서사 습관에 따른 이체자의 증가도 큰 요인 중 하나입니다. 이체자에 대해서는 후에 자세히 말씀드리겠습니다. 곧 한자의 수량 증가는 표현하고 기록해야 할 어휘가 증가한 당연한 결과물입니다.

또 다른 한자의 특징 중 하나는 방형(方形)으로 네모난 꼴에 다양한 요소가 집적되는 형태를 유지한다는 것입니다. 한자는 기본적으로 네모난 글자꼴에 다양한 획을 섞어 넣으면서 모양을 다르게 표현합니다. 마치 한글 같죠. 그래서 한글이 조합이라는 측면에서는 한자의 특성에서 영향을 받았다고도 합니다. 반면 서양의 문자나 일본의 경우에도 문자를 왼쪽에서 오른쪽이든 오른쪽에서 왼쪽이든 나열할 뿐 구성 요소를 정방형 안에 모아서 위아래, 좌우, 바깥과 안 등으로 섞지 않습니다.

표음문자의 경우 음을 배열하는 것이기 때문에 배열 순서가 잘못되면 음가가 달라져 어휘를 인지할 수 없습니다. 마찬가지로 한자는 네모 틀안에 다양한 요소를 집적해서 서로 다름을 표현해야 하기 때문에 구성 요소들의 배열 순서나 위치를 바꾸어서 완전히 다른 의미를 표현하는 한자를 생성합니다. 이것을 우리는 획의 위치와 구성에 따라서 글자의 뜻을 다르게 표현한다고 합니다. 이유는 아까도 말했듯 지시 대상물이 바뀔 때마다 모양이 다른 한자를 한자를 만들어야 시각적 구분이 생기기 때문입니다.

예를 들어 '목(木)'과 '날 일(日)'자로 만들어지는데 목자가 위에 위치하고 해를 나타내는 일(日) 자가 아래에 위치하면 '어둡다(杳)'라는 의미가 됩니다. 어둠은 곧 나무 밑으로 해가 진 때라고 생각한 겁니다. 반대로 나무가 아래에 있고, 해가 나무 위에 위치하면 (杲) 대낮처럼 밝은 세상을 표현합니다.

또 '힘 력 자(力)'와 '입 구(口)'자가 만나 왼쪽과 오른쪽으로 나란히 배열하면 힘을 쓰는 사람들이 있다는 의미가 되어 '더할 가(加)'라는 의미를 나타냅니다. 반대로 '입 구'자가 위에 올라가고 '힘 력'자가 아래에 있으면 헤어지다(另)는 의미가 됩니다.

여러분이 잘 알고 있듯이 나무의 밑부분을 강조하면 밑, 끝, 뿌리라는 본(本)이며, 나무의 위쪽에다가 뭔가 선을 표시하면 나무가 자라고 있는 맨 끝 부분, 가장 최후의 부분이라는 의미가 돼서 끝(末)이라고 표현합니다.

또한 한자는 구성 요소들의 방향을 바꾸어 다른 의미를 가진 한자를 생성하기도 합니다. 사람을 나타내는 人의 모양을 두 개 사용하지만 이 둘의 방향이 다르면 다른 글자가 됩니다. 종(从)자를 보면 사람 둘이 오른쪽을 보고 걸어가는 모양입니다. 당시 사람들은 이 한자를 뒷사람이 앞사람을 좇아간다고 하는 의미로 사용하였습니다. 한편 비(比)자는 사람이 왼쪽을 보고 서로가 어깨를 마주대고 서 있는 모습으로, 사람들은 이 글자에 어깨를 견준다는 의미로 사용합니다. 북(北)자는 두 사람이 등지고 있는 모습입니다. 등을 대고 서로 다른 방향을 보고 있으니 '등지다'라는 의미입니다. 많은 분들이 이 글자를 북(北)이라고 알고 있습니다만, 원래의 의미는 등지다라는 뜻으로 현재에도 전쟁에 져서 등지고 돌아선다는 의미를 나타내는 어휘인 '패배'에서 사용하고 있습니다. 북쪽이라는 의미는 가차된 의미이고, 후에 北 모양과 구분하기 위해 배(背)라는 글자로 분화됩니다. 이렇듯 똑같이 사람 인(人)이란 구성 요소 두 개를 사용하지만, 사람이 오른쪽을 보고 같이 가고 있느냐, 왼쪽을 보고 가고 있느냐, 두 사람이 이렇게 등을 돌리고 있느냐에 따라서 뜻도 달라지고 모양도 달라집니다. 그에 따라 음도 달라집니다.

또 어떤 한자는 해당 한자를 구성하는 요소의 수량이 몇 개인지에 따라서 다른 한자가 됩니다. 해 일(日)자는 하늘에 떠 있는 해를 뜻합니다. 창(昌)은 해를 두 개 그린 모습입니다. 해가 두 개니

태양의 에너지가 더 많이 나와서 '창성하다'는 의미가 됩니다. 정(晶)은 해가 세 개가 있으니까 '아주 밝다'라는 의미가 됩니다. 또 다른 예를 볼까요? 목(木)은 나무가 하나 있는 것이고, 임(林)은 나무가 두 개 있으니 나무가 모인 곳을 의미하고, 삼(森)은 나무가 모인 곳에 나무가 더 많아지니 울창하거나 빽빽하다는 의미로 확장됩니다. 의미를 중첩시킴으로써 의미 확장을 만들어내고 있는 것입니다.

주의해야 할 것은 항상 한자를 볼 때는 거꾸로 보아야 한다는 점입니다. 뜻이 먼저 있고 그 뜻에 따라서 한자를 만드는 것이지 글자를 만들고 뜻을 부여하는 게 아닙니다. 어떤 의미가 필요했기 때문에 해당 한자의 모양을 만드는 것입니다. 어떤 언어든 마찬가지입니다. 내가 필요로 하는 의미의 어휘가 있는데 그 의미를 어떻게 표현해야 할지 생각하면서 어휘가 만들어집니다. 당연히 발음도 존재하죠. 의미와 음이 존재하면 이에 따라 모양을 만들어내는 겁니다. '메타'와 '유니버스'를 합쳐서 '메타버스'가 만들어지고, 차갑게 보관하는 곳이란 의미로 '냉장고'란 단어가 필요하듯 말입니다. 어휘는 그렇게 만들어지고 그것을 표기하는 형태도 그렇게 생성됩니다. 다만 한자는 그것을 한 자로 표기하려는 습관이 있다보니 한자의 수량도 증가합니다. 그래서 동아시아 한자문화권 국가들은 새로운 결정을 합니다. 한자가 너무 많아지니, 한자를 조합해서 어휘를 만들자. 아까와 같은 '냉장고'와 같은 단어입니다. '군자', '소인' 등은 한자가 아니라 어휘를 만들었고, 이때 어휘는 둘 이상의 한자를 이용해 다른 의미를 가진 어휘를 표현합니다. 이것을 사(詞)라고 부르며, 음절이 두 개 이상이면 다음절사, 음절이 하나면 단음절사라고 부릅니다. 이랬던 사(詞)는 후에 의미와 정의가 조금 달라집니다. 짧게만 말씀드리면 그것이 새로운 의미를 나타내든 아니든 간에 두 개 이상의 한자로 구성되어 어휘처럼 사용되면 사(詞)로 보게 됩니다. 예를 들어, 우리 말 속에 독서(讀書), 차도(車道) 등입니다. 이 두개는 엄밀한 의미로는 다음절사가 아닙니다. 책을 읽다와 차의 길이란 구(句)인데 오랜 동안 어휘처럼 취급되고 사용하다보니 사(詞)가 되어 현재에 사용될 뿐입니다. 그래서 이런 어휘는 축자, 즉 글자를 따라 풀이가 가능해지고, 그래서 한자를 알면 어휘력이 증가한다고 말하는 근거가 됩니다. 만약 초기의 사의 개념, 곧 한자의 의미와 상관없이 새로운 의미를 만들어내는 것만 어휘였다면 이런 이해와 설명은 불가능하겠죠. 한자를 아무리 많이 안들 어휘를 이해하는 것과는 관계가 없으니까요. 군자(君子)는 임금의 자식일 수 없으니까요. 한자교육을 납득시키려면 축자가 가능한 어휘가 아닌데 어휘화 된 것을 대상으로 해야 하고, 정확한 어휘의 출발에서 보면 한자교육과 관계 없어지는 곤란함에 빠지게 되는 셈입니다. 어쨌든 역사적으로 우리는 한자를 증가시키는 방법 이외에 어휘의 생성이라는 새로운 방법도 갖게 됩니다.

이외에도 우리나라 사람의 입장에서 한자의 의미를 말하거나 이해할 때 꼭 알아야 할 부분이 있습니다. 그건 바로 우리말과의 대응 방법에 대한 이해입니다.

어떤 사람들은 거(去)란 한자나 왕(往)이란 글자의 훈이 둘 다 '가다'인데 왜 굳이 두 한자가 필요하냐고 말합니다. 강(江)과 하(河)도 둘 다 '강'인데 왜 두 한자를 구분해야 할까요? 사실 이 한자들 모두는 각기 다른 의미로 사용됩니다. 단지 우리가 그것을 구분하지 않았기 때문에 발생하는 오해입니다. 이를 이해하기 위해서는 우리가 외국어 어휘를 인지할 때 수용하는 방식을 이해할 필요가 있습니다.

잘 아시는 것처럼 현재 우리 말의 어휘는 한자어가 있고, 외래어, 그리고 고유어가 있습니다. 이건 현재의 상황입니다. 기원후 3세기 경 한자가 혹은 처음 우리말과 접촉했을 때는 어땠을까요? 우리 말 속에는 고유어만 존재했을 겁니다. 당시 사람들은 처음 접한 외래 문자인 한자를 보고 모양을 인지하고 해당 한자의 의미가 무엇인지, 어떤 음으로 읽는지 학습했을 겁니다. 모양이나 음은 외국에서 수입된 그대로를 따르지만 의미의 경우는 최대한 해당 의미와 같은 우리말 어휘를 대응시키려 했을 겁니다. 이건 지금도 마찬가지입니다.

ID라는 외래어가 들어오니 아이디라고 한글로 표기하지만 실제는 그 발음 그대로입니다. 표기도 한글과 알파벳 중에 선택할 뿐입니다. 의미는 어떨까요? '신분', '이름', '사용자명' 등 다양한 방식으로 기존의 우리가 이해할 수 있는 우리말과 대응시킵니다. 한자를 처음 접할 때도 마찬가지였을 겁니다. 이때부터 우리가 한자의 훈 혹은 새김이라는 하는 것은 크게 세 개의 방식으로 부여된다고 할 수 있습니다.

첫째 방식은 우리나라의 고유어 중에 혹은 우리가 사용하는 어휘 중에 해당 한자의 의미와 같은 의미를 지닌 어휘가 있으면, 해당 한자의 의미를 우리의 어휘와 일대일로 대응하는 방법입니다. 예를 들어, 산(山)과 내(川)입니다. 한자가 들어오기 이전에도 우리나라 사람들은 산의 존재를 알고 있었고, 우리 자연환경에도 흐르는 물이 있었으니 당연히 그것을 지칭하는 어휘가 존재했습니다. 당시 고유어 중 '뫼'와 '내'라는 어휘는 이미 존재했습니다. 사람들은 '山'을 보고 이미 우리 말에 존재하는 '뫼'를 훈으로 부여했고 당시 수입된 한자음을 더해 '뫼 산'이라고 합니다. '천(川)'자는 우리 말의 '내', '자(者)'는 우리 말의 '놈'이라는 게 있으니 그것과 대응시켜 이해합니다. 이런 방식은 비단 한자만이 아닙니다. 오늘 날 새로운 외국어를 배울 때도 우리는 그런 방식을 사용합니다.

두 번째 방식은 조금 차이가 있습니다. 아마 한자를 공부해보신 분들은 알겠지만, '견(見)', '시(示)', '찰(察)', '관(觀)', '간(看)' 등의 한자가 있는데, 우리는 전통적으로 해당 한자가 의미하는 것을 다 구분한 훈을 달지 않고 모두 '보다' 하나로 대응합니다. 원래는 세분화된 다양한 섬세한 의미의 차이를 가진 한자들이지만 우리 말로는 '보다'라는 하나의 어휘로 통일하다 보니, 개개의 한자가 가진 본래의 세밀한 차이를 발견하기 어렵게 됩니다. 위에서 예를 들었던 본(本)과 말(末)의 '끝'이라는 표현도 마찬가지입니다. 뿌리 끝도 끝이고, 마지막에 자라는 점도 끝이니 이걸 학습자나 사용자가 구분하기란 쉽지 않습니다. 어떤 사람들이 '끝 본(本)', '끝 말(末)' 이렇게 얘기하지만, '뿌리 본'이라고 하기도 합니다. '끝 본'이라고 하는 글자에서 끝은 뿌리의 마지막 부분을 얘기합니다. 시작의 출발점이라는 의미의 끝입니다. '끝 말'이라고 할 때의 끝은 성장의 끝, 곧 그 종착점을 얘기합니다. 똑같은 '끝'이라 표현 하지만 동일한 의미가 아니라는 것입니다. 이런 동일 표기를 하는 훈은 이외에도 많습니다. 위에서 예로 들었던 '보다'에 해당하는 한자들은 원래 한자에서 더 세분화된 의미를 나타내기 위해 한자의 수가 증가했지만 우리 말 풀이로는 그렇게 보이지 않습니다. 또 다른 예로 '일'이란 훈을 가진 한자를 볼 수 있습니다.

'일 사(事)'자, '일 업(業)'자 역시 우리 말 훈은 똑같이 일입니다. '일 사'자하고 '일 업'자의 차이는 있을까요? 가끔 북한어나 중국어의 사용을 보면 "일 없습니다."라고 말합니다. 그때의 일은 '업'일까요, '사'일까요? '사사건건'도 '일마다 건건히'라는 뜻입니다. 이때 '일' 즉 '事'는 말하고 듣고 생각하고 내뱉고 하는 모든 동작, 행위 그리고 움직임을 나타냅니다. 반면에 일 업(業)자는 생계를 유지하기 위해서 하는 어떤 것, 내 본분에 맡겨진 소임을 지칭합니다. 그래서 우리는 '직업(職業)'이라고 하지 '직사(職事)'라고 쓰지 않습니다. 이런 구분이 있기 때문에 '진인사대천명(盡人事待天命)'에서 '인사(人事)'는 '사람의 일'이라고 풀이하는데, 이때 일이라는 건 내가 지금 듣고 보고 생각하고 할 수 있는 모든 것이란 의미입니다. 내 직업으로서의 일이 아닙니다. 따라서 이 문장은 '내가 할 수 있는 모든 것에 최선을 다 한 후에야 하늘의 명을 기다릴 수 있다'는 의미가 됩니다. 사람이 최선을 다한다의 최선은 어디까지일까요? 그걸 사(事)라고 표현한 겁니다.

결국 일 사(事)자, 일 업(業)의 훈은 같아 보이지만 실제로 이 두 한자의 의미는 다릅니다. 한자의 숫자가 증가한 것은 이런 인식과 쓰임의 세분화에 있는데, 오히려 그것을 우리 말에서 하나의 훈으로 대응시키는 '여럿 대 하나'로 학습하고 인지하다 보니 해당 한자의 의미나 쓰임을 정확하게 파악하지 못하는 경우, 더 나아가 한자어나 한문 문장을 정확히 이해하지 못하는 이유가 됩니다.

마지막 방법은 우리 말 속에 도저히 해당 한자의 의미를 표현할 방법을 못찾는 경우에 사용하는 방법입니다. computer와 같은 어휘는 풀이도 하지 못하고 대응도 못하고 그저 '컴퓨터'라 발음을 한글로 고정하여 사용하듯, 도저히 의미를 표기할 수 없거나 이미 한자가 익숙해져 바꿀 필요가 없는 경우 음가를 반복해서 의미로 사용합니다. '공 공(公)'과 '사사로울 사(私)'와 같은 예입니다. 이렇듯 해당 한자의 음을 반복하거나, 혹은 한자의 결합으로 이루어진 어휘를 이용해 훈을 붙이는 방식입니다.

이런 결과는 문화의 차이에 따른 어휘의 발달이 다른 것도 하나의 원인이 됩니다. 어휘의 발달은 자연환경과 그 속에서 사는 사람들의 문화에 따라 달라집니다. 우리 고유어 중 많은 형용사는 한자로 도저히 표기할 수 없습니다. 중국이나 일본에는 그런 표현이 없었으니 표현할 한자를 만들 필요가 없었으니까요. 곧 어휘의 발달은 그 언중의 특징에서 나오고, 언중의 특징은 언중이 무엇을 필요로 했고, 어떤 것들과 접촉했는지에 따라 달라집니다.

이런 이유로 한자가 처음 사용될 당시 우리 문화의 특징은 논을 표현하기 위해 '답(畓)'이라는 한자를 만들어 사용하거나, 기존의 중국 한자에 독특한 우리말 어휘를 추가하는 방식을 사용합니다. 중국의 한자로는 표현할 수 없는 우리말 어휘를 표현하기 위한 방법을 스스로 찾아낸 겁니다. 우리는 이런 한자를 고유한자라 부르고 '신조자', '신의자', '신음자' 등의 표현으로 새로운 형태를 만들어낸 한자, 새로운 음을 부여한 한자, 새로운 의미를 부여하는 한자 등으로 구분해 말하기도 합니다.

한자의 문제점

한자의 문제점은 역설적으로 이런 다량의 한자 자형으로 인해 발생합니다. 통상적으로 이를 '3다(三多)'라고 합니다.

세 가지 많음 중 첫 번째는 한자의 수량입니다.

한자의 수량은 얼마나 될까요? AD 100년 경 저술된 허신의 『설문해자』에는 만 자 정도가 수록되어 있습니다. 당시에는 한자의 수량이 1만자 정도였던 셈입니다. 그런데 1980년대에 중국에서 출판된 『중화자해(中華字海)』라고 하는 책에는 약 8만 종의 한자가 표제자로 수록되어 있습니다. 물론 이 수록에는 두 가지 의미가 담겨져 있습니다. 하나는 시간이 흐르면서 표현해야 될 대상이 그만큼 증가하였다는 것이고, 또 다른 하나는 사람들의 서사 습관과 연결된 이체자의 증가입니다.

그런데 한자의 종류 8만 개가 아닌 어휘 8만 개로 보면 좀 다른 이야기가 됩니다. 어떤 언어를 사용하는데 필요한 어휘는 몇 개일까요? 우리나라 표준국어대사전에는 약 40만 개의 어휘가 실려 있습니다. 40만 개의 어휘는 각기 다른 형태로 조합되어 있다는 의미입니다. 그러면 한자가 8만 개는 어휘 전체를 표현하기에 부족하죠. 그래서 한자도 조합의 방식, 다시 말해 다음절 어휘를 생산해 냅니다. 위에서 말씀드린 바 있습니다. 어쨌든 단순히 한자와 한글의 숫자만을 높고 생각해 보면 한자는 그 수량이 놀라울 정도로 많지만, 한자 하나가 하나의 어휘라는 생각을 하고 한자어와 한국어의 어휘의 수량으로 비교해 보면 결코 많은 숫자는 아닙니다. 비교 대상 간의 기준의 차이입니다. 한자는 수량이 많다 보니까 자형을 기억하기도 어렵고 필획이 많아서 쓰기도 어렵다고 합니다. 필획이 많을 수밖에 없는 것은 점하나 선하나를 구분해서 한자 자형을 구분하고 의미를 표현해야 되니까 당연히 그렇게 될 수밖에 없습니다. 우리는 이런 한자들 중 모양이 비슷한 글자를 형사자라고 합니다. 모양에 조금만 변화를 주어서 의미를 다르게 표현하기 위해 생겨난 것입니다.

한편 한자를 만드는 방식, 즉 조자방식이 너무 다양합니다.

한자를 조자할 때 사용하는 방식으로는 상형, 지사와 회의, 형성 등이 대표적입니다. 무엇인가를 표현하기 위해 때로는 모양을 보고 그리고, 상상하고 두 의미를 더해서 새로운 의미를 부여하고, 한 쪽에는 음을 표현하는 기능을 하도록 구성하기도 합니다. 구성 방식도 두 개의 구성 요소를 나란히 배열할 때가 있고, 위 아래에 배열할 때도 있고, 바깥과 안쪽에 배열할 때가 있으며, 그걸 혼합해서 배열할 때도 있습니다. 또 일부 자형은 다른 자형과 혼합될 때 모양이 변하기도 합니다. 예를 들어서 '물 수(水)'자는 부수로 사용할 때는 '점 세 개(氵)'로 표현하지만, 실제 단독 글자로 쓸 때는 우리가 익히 아는 '水'자 모양으로 씁니다. 이렇게 편방은 어떤 것과 만나느냐에 따라 바뀌기도 합니다. 이것도 한자를 구성하는 데 어려움을 느끼게 합니다.

마지막으로 자체(字體)가 너무 많습니다.

오랜 세월 동안 한자를 사용하면서 한자의 자형 또한 변화합니다.

우리가 알고 있는 갑골문, 금문, 고문 등 자체입니다. 용(龍)자 하나만 하더라도 해당 자체에 다라 수십 가지 자형이 있습니다. 그러다 보니 8만 자나 되는 자형마다 각기 다른 5개 자체만 있다고 하더라도 무려 40만 개의 자형이 됩니다. 이걸 분별하는 게 쉽지 않습니다. 이런 문제는 현실에도 있습니다.

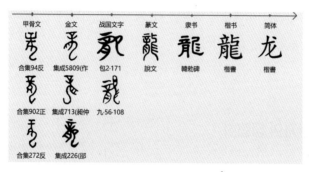

시대별 용(龍) 자의 한자 자형 차이[1]

이상 언급한 문제 때문에 한자는 학습과 서사도 어려울 뿐 아니라 검색이나 정보 통일화도 어렵습니다. 그렇다면 정말 8만 자에 해당하는 한자를 다 학습해야 할까요? 여기에 또 다른 오해

---

1   https://www.guoxuedashi.net/zixing/yanbian/11268uy/

가 있습니다. 8만자의 한자는 자전에 수록된 한자일 뿐입니다. 실제 문헌이나 어휘에서 상용되는 한자는 3천 500자 정도입니다. 이 3500자 정도가 전체 한자 사용의 약 99% 정도입니다. 다시 생각해 보면 국어사전의 모든 어휘를 다 사용하지 않습니다. 어휘에도 상용도가 있듯 한자도 상용도가 존재합니다. 이런 이유로 몇 만자의 한자를 다 학습해야 하는 그런 일은 벌어지지 않습니다. 한자의 원리를 이해해서 필요할 때 자전이나 사전 등을 찾아볼 수 있는 능력이 중요합니다.

한자의 정형화

그럼 이렇게 복잡하고 다양한 한자의 자형을 어떻게 처리해야 할까요? 이 문제는 한자를 사용해야 하는 국가의 입장에서 늘 골칫거리였고, 이 문제를 표준형, 즉 정자로 해결하려 하였습니다. 사람마다 각기 다른 자형을 쓴다는 것은 곧 의사소통의 문제로 이어지기 때문입니다. 따라서 다양한 한자의 모양을 하나의 자형으로 표준화시키면 이런 문제를 다소 줄일 수 있었고, 이런 것을 우리는 정형화라고 말합니다.

아마도 주의 깊게 보신 분들은 눈치를 채셨겠지만, 실제 중국이나 일본, 한국 같은 경우에 쓰는 한자들의 자형에 차이가 있습니다. 비슷해 보이지만 사실 자세히 보면 모양이 다른 것이 있습니다. 한자를 연구하는 사람들은 이런 걸 분별하려고 합니다. 모양이 조금만 달라도 이게 어디가 달라졌는지 세심하게 살펴봅니다. 이렇게 나라마다 모양을 달리 쓰는 경우가 상당히 많기 때문에 한중일의 한자 자형이 비슷하다고 하는 거는 어떤 때는 맞고 어떤 때는 틀린 말입니다.

한국	중국	일본
對	对	対

한중일 한자 자형의 차이 예시

한자 정형화의 시작은 중국 진나라 때의 서동문입니다. 이후 한자 자형 표준화는 아주 오랜 세월 동안 여러 가지 과정을 거치면서 진행되었습니다. 오랜 과정을 거친 표준화는 1920년대 이후 동아시아 각국에서 중요한 문제로 대두됩니다. 당시 지식인들은 교육과 지식의 보급, 그리고 이를 통한 부국강병의 시작은 문자생활이라고 생각합니다. 따라서 통일된 자형의 학습은 불필요한 낭비적 요소를 줄일 수 있는 방법이었습니다. 이런 이유로 국가마다 한자의 '표준 자형'을 다시 정하게 됩니다. 옛날 표현으로 '정자(正字)'였습니다. 정자, 즉 표준자가 있다는 건 표준이 아닌 비표준이 있다는 것이고 정자가 아닌 속자(俗字)가 있다는 것입니다. 표준이 정해졌기 때문에 표준이 아닌 게 존재하는 것이죠. 정자가 없으면 속자도 없습니다.

중국, 일본, 대만, 홍콩 등 자신들만의 표준 자형을 규정합니다. 이 중 중국에서는 표준자를 만들 때 간화자를 표준으로 삼겠다고 했습니다. 간화자라고 하는 건 '간략화한 문자'라는 뜻입니다. 그런데 우리는 이를 흔히 '간체'라고 부릅니다. 그럼 간체는 뭘까요. 간체는 어떤 한자가 있는데 그걸 어떤 누군가가 임의로 간략하게 만들어서 속자로 사용하는 걸 말합니다. 이미 말하였듯 중국의 표준자 곧 정자는 간화자가 정확한 명칭입니다. 중국 문서를 찾아보면 간체와 간화가 다르게 표현되어 있음을 금방 확인할 수 있습니다. 그럼에도 불구하고 한국 사람들이나 중국 사람들 스스로도 여전히 간체와 간화를 구분해 사용하지 않는 경우를 종종 발견하게 됩니다. 어쨌든 중국은 자신들이 세운 기준에 따른 간화자를 표준으로 삼았기 때문에 간화자가 아닌 다른 글자를 '번체자'라고 지칭합니다. 중국인들 입장에서 보면 그럴 수 있습니다. 간화자가 표준이니 표준이 아닌 것은 복잡한 모양을 가진 번체라고 부를 수 있습니다. 그런데 우리나라 입장에서는 우리나라 자형이 표준자입니다. 그러면 중국의 글자는 당연히 간화자이거나 혹은 중국의 정자인 것입니다. 우리나라가 쓰고 있는 자형이 정자입니다. 이렇듯 명칭이라는 것은 상대적입니다.

그런데 우리가 어떻게 표현하냐면 중국 사람들은 간체자를 쓰고 대만과 한국과 일본은 번체자라고 말하는 경우를 종종 찾아볼 수 있습니다. 그게 아니라 중국, 대만, 일본은 나름의 정자를 가지고 있고 이 정자는 전통 동아시아 전통 자형을 모방해서 만들어진 각기 다른 표준입니다. 우리가 한국이나 대만이나 일본에서 쓰는 글자의 형태를 뭉뚱그려서 얘기할 때 영어로 'traditional Chinese character'이라고 얘기합니다. 중국의 정자는 'simplified Chinese character'라고 얘기를 합니다. 간략화 시킨 중국 글자란 뜻입니다. 그래서 중국인들이 우리 한자 자형을 번체라고 얘기하는 건 중국인의 입장이니까 그럴 수 있지만, 우리 입장에서 우리 글자를 번체라고 얘기하는 건 틀린 표현입니다. 표준이라는 개념, 정자라는 개념은 상대적인 개념이지 절대적 개념이 아니기 때문에 이 두 가지는 구분해 쓸 필요가 있습니다.

한자의 초언어성

지금까지 한자의 생성에는 어휘의 발달, 어휘의 발달은 새로운 사물의 생성과 인식의 구분과 세밀함에서 발생한다고 말씀드렸고, 그에 따라 다양한 조합방식으로 한자의 모양이 생성된다고 하였습니다. 그럼 결국 한자는 지칭하는 대상물을 표현하는 방식이라고 할 수 있습니다. 곧 한자는 음성언어의 특성에 제한되지 않음이 주요한 특성입니다.

해당 한자는 어느 나라 언어에서도 자국의 언어로 치환될 뿐, 한자 자체가 언어를 변화시키지는 않습니다. 한자를 학습하기 위해 중국어를 학습할 필요도, 일본어를 학습할 필요도 없습니다. '화(花)'는 그저 꽃일 뿐입니다. 이런 이유로 한자는 어느 나라 언어에서도 자연스럽게 활용될 수 있었고, 한자의 학습과 사용은 자국어와 충돌하는 것이 아니라 병존하는 현상을 만들었습니다. 또한 한자는 음을 나타내지 않기 때문에 특정 음을 고집하지도 않습니다. 북경어나 광동어나, 일본어, 베트남어, 한국어에서 해당 한자는 다 다른 음가를 가지기도 합니다. 단지 공통된 모양과 공통된 의미를 지니고 있을 뿐입니다.

표음문자가 된다는 것은 결국 음성언어에 기초한다는 것이지만, 표의문자는 음성언어와 유리될 수 있다는 의미이고, 한자문화권은 그런 형태였습니다.

또한 문자의 사용이 사용자의 주체적 선택이라는 점도 기억할 필요가 있습니다. 문자는 필수불가결한 요소가 아닙니다. 언어는 존재해도 문자가 없을 수 있습니다. 또한 문자의 선택은 국가와 사회, 언중의 선택일 뿐 어떤 언어를 기록하기 위해 어떤 특정한 문자만 고집될 필요도 없습니다. 베트남에서 베트남어의 문자로 변용된 라틴문자를 선택했다고 하여도 여전히 베트남어입니다. 우리말 어휘를 한자로 표기하여도 한국어 어휘이지 중국어 어휘가 아닙니다. 단지 오랜 역사 동안 한자문화권 국가들은 한자와 한문의 영향으로 동일한 모양과 의미를 가진 어휘를 상당수 공유했을 뿐입니다.

이런 이유로 한자문화권과 라틴문화권은 차이가 있습니다. 라틴문화권은 라틴어와 라틴문자를 사용하지만, 한자문화권은 자국어와 한자를 사용합니다. 한문이라고 하더라도 형식은 같으나 읽는 발음은 다릅니다. 한자가 언어를 초월할 수 있었던 이유는 보편성을 지닌 표의문자의 특성을 여전히 유지하였기 때문입니다.

제3장

고문자 시기1:
갑골문과 금문

역사 문물의 판단

이미 말씀드렸듯 전 세계 문자 중에서 상형의 방식으로 만들어져서 오늘날까지 사용되는 것은 한자가 유일합니다. 사람들이 한자를 이처럼 오랜 시간 동안 사용했는데 그렇다면 가장 이른 시기의 한자는 어떤 모습이었을지 살펴보고자 합니다.

어떤 역사적 사실을 밝힐 때 쓰는 방법은 두 가지가 있습니다. 하나는 문헌입니다. 문헌은 기록된 사실을 가지고 당시를 이해하는 방법입니다. 그런데 인간은 여러 가지 이유로 사실을 기록하지 않고 기록하고 싶은 일을 기록하는 경우가 있습니다. 특히 기록의 대상이 의미를 부여해야 하는 것이거나 잘 알지 못하는 경우라면 더욱 그러한 경향을 보입니다. 눈이 넷 달린 창힐이 한자를 만들었다는 등의 이야기는 프로메테우스가 불을 인간에게 가져다 주었다는 것과 같은 이야기입니다. 문헌을 우리가 절대적으로 신뢰하지 않는 이유입니다.

또 하나의 방법은 출토를 통한 객관적 실체를 이용하는 방법입니다. 이 방법의 한계는 출토의 양과 출토물의 상태, 그리고 출토물을 객관적으로 증명할 수 있는 과학적 근거와 객관적 해석입니다. 다행히도 한자와 관련된 유물은 1800년대 후반 대량으로 발견되었고, 우리는 이를 통해 한자의 역사를 규명할 수 있었습니다.

본 강에서 우리는 출토된 유물을 통해서 한자의 초창기 모습을 확인할 수 있습니다. 오랜 시간 동안 땅속에 파묻혔다가 1899년이 되어서야 발견된 현존하는 가장 이른 시기의 한자인 갑골문을 함께 살펴보겠습니다.

갑골문 발굴 현장 사진1[1]

갑골문 발굴 현장 사진2

---

1   https://www.ebs.co.kr/free/subtitles/lifelong/onair/view/lect/183059

갑골문의 발견

갑골문 발견의 배경은 대부분 중국의 유명한 유적지, 예를 들어 병마용갱의 발견과 같이 아주 우연히 이루어집니다.

갑골문은 비록 은나라 때부터 존재했지만 그 이후로 오랜 시간 동안 땅속에 파묻혀 있어서 후대 사람들이 문자를 볼 수가 없었습니다. 민간의 이야기에 따르면 갑골문의 발견은 아주 우연히 이루어졌다고 합니다. 가장 믿을만한 이야기를 소개해 드리면 다음과 같습니다.

1899년에 왕의영(王懿榮, 1845-1900)이라는 학자에 의해서 발견되었다는 설이 있습니다. 왕의영은 당시 북경의 국자감 좨주로 있었는데 지금으로 따지면 국립대학교 총장에 해당하는 직위입니다. 어느 날 그가 말라리아에 걸려서 용하다는 약을 찾으러 북경에 달인당(達仁堂)이라는 약방을 찾아갔습니다. 거기에서 용하다는 약을 샀는데 뼈를 빻아서 가루로 만든 당시 사람들이 '용골(龍骨)'이라고 부르는 약재였습니다. 그런데 왕의영이 약을 사서 자세히 살펴보니 뼛조각에 뭔가 글자가 새겨져 있었습니다. 그는 금석학에 정통한 금석학자였기 때문에 고문을 보고 심상치 않다고 여겼습니다. 고대 문자라는 것을 알아보았던 것입니다. 아마도 하남성 안양시의 소둔촌에 있는 농민들이 밭에서 일하다가 돌이나 뼈조각이 너무 많이 나오니 귀찮아서 한쪽에 많이 쌓아 두었을 것입니다. 그러다가 갑골 뼈, 소뼈 같은 조각들을 약재상에 팔면 돈이 되니 그것들을 많이 모아두었다가 팔았고, 유통되는 과정에서 골동품상들을 통해서 왕의영이 이것을 접하게 되어 문자가 새겨진 것을 발견했다고 볼 수 있습니다. 수많은 갑골들이 농부들에 의해서 약재로 팔려 소실되었으니 안타까운 일입니다. 또한 갑골문 발견 당시에 사람들은 이것이 글자를 새긴 것인지 모르고 약재로 사용했으며, 돈이 된다는 소문에 파기하여 판매를 할 목적으로 발굴했다는 것도 사실인 듯 합니다. 이러다 보니 온전한 갑골문도 발견되고 난 이후에 여러 조각으로 흩어져 발견되기도 합니다.

왕의영의 발견 이후 이 뼛조각에 새겨진 문자가 매우 중요하다는 걸 알게 된 후 학자들이 너도나도 수집하기 시작했고 미국이나 영국, 일본 등 해외로도 많이 유출되었습니다. 또한 중국의 국공내전 등의 내전을 거쳐 지금은 중국과 대만, 홍콩 등으로 흩어지게 됩니다. 그러나 이런 흩어짐은 또 다른 효과를 가져옵니다. 다수의 연구 기관에서 여러 연구자들에 의해 활발한 갑골문 연구가 이루어지게 되는 계기가 됩니다.

이후 수집된 갑골문을 토대로 여러 연구가 진행되어 몇 가지 사실이 밝혀집니다.

우선 갑골문은 지금으로부터 약 3천여 년 전인 '상(商)'나라 반경(盤庚)이 은(殷)으로 도읍을 옮긴 이후부터 마지막 왕인 제신(帝辛)에 이르기까지 8대 12왕 약 273년간(B.C.14C~ B.C.11C) 왕실에서 점을 친 내용을 거북의 껍질이나 짐승의 뼈에 기록한 것입니다.

또한 상나라가 은으로 도읍을 옮겼기 때문에 은나라라고도 하는데, 갑골문이 처음 발견된 곳이 바로 이곳입니다. 전설과 문헌 속에만 있던 은나라의 실존이 갑골문을 통해 밝혀졌습니다. 갑골문이 발견된 지역은 현재의 행정지역으로는 중국 하남성(河南省) 안양시(安陽市)의 한 지역으로, 이 지역을 갑골문 연구 이후에 은나라의 옛 터란 이름이란 의미로 '은허(殷墟)'라고 부르게 됩니다. 이 곳에는 현재 갑골문 박물관이 있습니다.

한자의 시작은 이렇게 3천여 년의 침묵을 깨고 우리에게 나타난 것입니다.

은허 박물관[2]

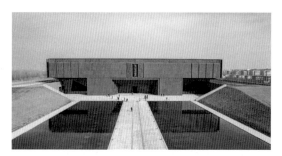

은허 박물관 신관 개방(2024년)[3]

---

2   https://baike.baidu.com/item/%E5%AE%89%E9%98%B3%E5%B8%82%
E6%AE%B7%E5%A2%9F%E5%8D%9A%E7%89%A9%E9%A6%86/535188
74?fr=ge_ala

3   http://www.zgcsjs.org.cn/news-news_list-id-100639.aspx

한자로서의 갑골문

오늘날 우리가 사용하는 한자가 과연 예전에도 지금과 같은 모양이었을까요? 사실 한자의 초창기 모습은 지금과 체계는 같으나 모양은 매우 다릅니다. 사물의 모습을 있는 그대로 본떠서 만들어진 글자들이 많다 보니 그림에 조금 더 가까웠습니다. 고대 한자의 가장 큰 특징은 이처럼 그림을 그린 듯한 회화성(繪畫性)에 있다고 할 수 있습니다.

글자의 생김새를 자형(字形)이라고 합니다. 이 자형 변천의 각도에서 볼 때 현재까지 발굴된 유물 중에서 한자의 모습을 살펴볼 수 있는 가장 이른 시기의 것이 갑골문이라면 그 뒤로 한자 자형은 금문, 전국문자, 소전, 예서, 해서로 발전했습니다. 종이가 발명되기 이전에 고문자는 동물의 뼈나 청동기와 같은 금속, 나무, 돌, 천 등에 문자를 썼습니다. 지금처럼 종이에 글자를 쓰는 것은 종이가 발명된 이후부터입니다. 문자를 쓴다는 것은 이처럼 서사 도구나 재료 또 그 당시의 기술 등 시대적 배경의 영향을 많이 받습니다.

갑골문은 그럼 누가 사용했을까요? 고대에 문자는 아무나 쓸 수 있는 것이 아니었습니다. 갑골문 시기에는 왕이나 점의 결과를 기록하는 사람인 정인(貞人)처럼 소수의 권력 계층만 문자를 사용했습니다. 우리나라도 과거에는 왕이나 귀족, 양반 계층만이 문자를 쓰고 익힐 수 있었습니다. 근현대 시기에 이르러서야 교육이 보편화되면서 일반 사람들도 점차 문자를 읽고 쓸 수 있게 되었습니다.

들어보셨는지 모르겠으나, 갑골에 새겨진 문자를 '갑골문(甲骨文)'이라고 칭하기 이전에는 그것을 가리키는 다양한 이름이 있었습니다. 은허 지역에서 발굴되었기 때문에 '은허 문자' 또는 '은허 복사(卜辭)'라고도 했습니다. 복사는, 점칠 복, 말 사라고 하여 점친 말, 곧 점친 내용을 가리킵니다. 또 문자를 거북의 껍질이나 짐승의 뼈에 새겼기 때문에 '은허 서계(書契)'라고도 했습니다. 그러다가 1921년 윤무덕(尹懋德)이라는 사람이 최초로 '갑골문'이라는 명칭을 사용했습니다. 글씨를 적은 재료인 '귀갑수골(龜甲獸骨)'에서 따온 것입니다. '귀갑(龜甲)'의 '갑(甲)'은 거북의 등딱지를 가리키고 '수골(獸骨)'의 '골(骨)'은 동물의 뼈를 뜻합니다. 그 후로 갑골문을 연구하는 여러 학자가 이 용어를 사용하면서 현재는 모두 갑골문이라고 부르고 있습니다.

갑골문

거북의 껍질이나 짐승의 뼈에 갑골문을 새겼다고 하는데 과연 어떻게 새겼을까요? 거북이의 등딱지는 볼록해서 아무래도 글자를 새기기에 불편했을 것입니다. 반면 배딱지 부분은 납작하여 쓰기가 훨씬 수월했습니다. 그래서 갑골문은 주로 거북의 배딱지에 많이 썼고 동물의 뼈 중에서도 비교적 넓적한 소의 어깨뼈에 많이 썼습니다. 갑골문은 세로로 쓴 것도 있고 가로로 쓴 것도 있습니다. 소수이긴 하지만 붓으로 붉은 먹을 찍어 쓴 것도 있습니다. 이

시기에도 이미 붓을 사용했다는 것은 갑골문에 손으로 붓을 쥐고 있는 보습인 ✦(율, 聿)자를 통해서 알 수 있습니다. 다만 붓이나 붓으로 쓴 것은 이미 사라지고 뼈에 새긴 것들만 후대까지 비교적 오래 남았습니다.

점을 치는 사람이 거북이 배딱지 안쪽에 홈을 파고 나무를 이용해서 불을 지피면 균열이 생기면서 '퍽' 소리와 함께 그 반대쪽 정면이 갈라집니다. 그 갈라진 모습으로 점을 치는 사람은 길흉(吉凶)을 판단했습니다. '점을 치다'는 뜻의 '✦(점, 占)'자와 '✦(복, 卜)'자는 바로 여기에서 생겨난 것입니다. ✦은 점을 쳐서 귀갑이 갈라진 모습을 나타냈습니다. 어떤 학자들은 귀갑에 균열이 나는 소리가 '卜(복)'자의 발음이 되었다고도 합니다.

은나라 왕실은 대개의 고대 국가가 그러했듯 제정일치의 사회로 알려져 있습니다. 정치와 종교가 일치하는 사회입니다. 왕실의 대소사를 모두 점을 쳐서 결정했는데 갑골문에는 천문, 역법, 기상, 지리, 국가, 전쟁, 농업, 목축, 사냥, 종교, 제사, 질병, 양육, 재난 등 당시의 다양한 내용이 쓰여 있습니다. 이것들은 고대 사회를 이해하는 아주 중요한 역사 자료가 됩니다. 예를 들어 왕이 사냥을 하려고 하는데 괜찮을지 혹은 날씨가 비가 오는지 안 오는지, 왕비가 순산을 할지, 왕의 치통이 나을지 물어보는 등 여러 가지 왕실의 대소사를 점을 쳐서 물어본 내용의 기록이 있습니다.

갑골문의 점 친 내용을 복사(卜辭)라고 하는데 복사는 크게 네 가지가 있습니다. 첫 번째는 전사(前辭)라고 해서 계묘일, 갑자일과 같은 점을 친 날짜와 점을 친 사람의 이름을 씁니다. 점을 치는 사람을 정인(貞人)이라고 합니다. 두 번째는 명사(命辭)입니다. "재앙이 있겠느냐 없겠느냐"처럼 점치는 내용을 묻는 것을 말합니다. 세 번째는 점사(占辭)로 징조(兆) 모양에 근거한 점친 후 나온 점괘의 결과를 적는 것입니다. 네 번째는 험사(驗辭)로 점친 후 점괘가 맞았는지 여부를 기록하는 것입니다. 예컨대 '정말 재앙이 닥쳤다'든지 '왕비가 순산을 했다'거나 '왕의 치통이 나았다'라고 기록하는 것입니다. 점친 내용을 한 번에 다 쓰는 게 아니라 점을 치고 그 결과까지 시간을 두고 쓰는 것입니다. 이렇게 갑골문은 고대 사회의 중요한 정보를 담고 있는 매우 가치 있는 역사 자료입니다.

갑골문의 자형을 한 번 살펴보겠습니다. 아래는 사람과 관련된 글자들입니다. 먼저 이 글자들을 보고 떠오르는 한자가 있을까요?

イ(人)   大(大)   ノヽ(比)   ノヽ(北)

　순서대로 살펴보면 위의 글자는 각각 '人, 大, 比, 北'자입니다.
'人'은 사람이 옆으로 서 있는 모습을 나타내고, '大'는 양팔을 벌
린 사람의 정면을 나타냅니다. 후에 여기에서 '크다'라는 의미가
파생되었습니다. '比'는 두 명이 나란히 서 있는 사람을 나타내는
데 여기에서 '나란히 견주다', '비교하다'라는 의미가 파생되었습
니다. '北'은 서로 등진 사람의 모습을 표현한 것입니다. '등을 지
다'라는 뜻에서 해를 등지고 있는 북쪽이라는 뜻이 파생되었습니
다. 한자가 처음에 만들어질 때는 해당 자형의 모습과 뜻이 대응
되는 글자의 본래 의미가 있습니다. 이를 '본의(本義)'라고 합니다.
글자가 만들어진 후 나중에 글자를 사용하는 사람들에 의해서 점
점 그와 연관된 새로운 의미가 파생하면서 '인신의(引伸義)'가 생
겨납니다.

　그럼 이번에는 동물과 관련된 한자를 살펴보겠습니다. 이 글자
가 무슨 글자인지 한 번 추측해 보시기 바랍니다.

첫 글자는 코가 긴 특징을 지닌 동물입니다. 바로 코끼리의 모습을 본뜬 것입니다. 그다음은 순서대로 말과 호랑이, 소와 양의 모습입니다. 귀여운 모습이지요? 한자의 기원에 관해서는 여러 가지 설이 있는데 그중 전설에 의하면 한자는 창힐(倉頡)이란 사람이 새나 동물의 발자국 모양을 보고 한자를 만들었다고 합니다. 창힐은 황제의 사관으로 눈이 네 개인 사람으로 그려지는데 실제 존재 여부는 알 수 없지만 그만큼 사물에 대한 관찰력이 뛰어난 사람인 것을 알 수 있습니다. 동물을 나타내는 글자들을 통해서도 볼 수 있듯이 갑골문은 대상의 특징을 정확히 파악하여 묘사합니다. 동물의 머리 모양이나 입모양, 코, 뿔, 꼬리, 갈퀴와 같이 각각의 동물들의 특징을 잘 파악하여 간결하고 정확하게 표현했습니다.

이 당시의 글자는 어떤 특징이 있을까요? 먼저 갑골문은 아직 정형화되지 않은 단계이기 때문에 동일한 자형도 여러 가지 자형이 존재합니다. 글자를 새기는 사람도 한 명이 아니기 때문에 모두 자의적으로 조금씩 다르게 새겼습니다. 예를 들어 물고기를 나타내는 '魚'자를 살펴보겠습니다. 갑골문에서는 와 같이 쓰이는데 모두 물고기를 본떠서 쓴 글자이지만 자형상 조금씩 차이가 있는 것을 알 수 있습니다.

위의 그림처럼 수레를 나타내는 '車'자도 글자 자형이 제각각입니다. 바퀴와 함께 말 위에 얹는 안장이 있는 것이 있고 자형에 따라 바퀴만 간략하게 쓴 것도 있습니다. 엄마가 아이를 안고 있는 모습인 '好'자 역시 처럼 좌우 구조가 일정하지 않은 글자도 있습니다. 갑골문 시기에는 이처럼 같은 뜻을 나타내는 글자라 할지라도 한 가지의 고정적인 형식으로 쓰이지 않았습니다. 이를 우리는 정형화되지 않았다고 표현합니다. 그림에 비교적 가까워서 그런 것도 있습니다. 후대로 갈수록 글자는 점점 기호화되고 사회적으로 소통과 서사의 편의를 위해 자형을 정리해 나가면서 점차 한 가지 자형으로 통일되고 규범화되는 과정을 거칩니다. 그래서 지금은 魚, 車, 好와 같이 한 가지 규범화된 자형을 사용합니다.

그다음으로 갑골문은 칼과 같이 뾰족한 도구를 사용하여 뼈에 새긴 것이기 때문에 필획이 비교적 날카로운 특징을 보입니다. 여러분도 아마 지점토와 같은 찰흙에 글자를 쓸 때와 딱딱한 물건 위에 무언가를 새길 때의 느낌이 다를 것입니다. 부드러운 곡선

보다는 거친 직선으로 새겨질 것입니다. 이처럼 글자는 그 글자를 쓰는 서사 재료나 도구의 영향을 많이 받습니다.

갑골문에는 두세 글자를 한 글자처럼 모아서 쓴 '합문(合文)' 또한 존재했습니다. 묘호(廟號)인 '조갑(祖甲)'의 경우 갑골문의 '目(祖)'와 '十(甲)'을 한데 모아 '十目'자로 썼습니다. 자주 사용하는 어휘를 뼛조각과 같은 제한된 공간에 쓸 때 한 글자처럼 모아서 쓰는 것이 편리했을 것입니다.

갑골문을 살펴보면 단순한 부호가 아닌 이미 상당히 성숙한 단계의 체계적인 문자라는 것을 알 수 있습니다. 한자를 만드는 방법을 보통 육서(六書)라고 하는데 그중에서 상형(象形), 지사(指事), 회의(會意), 형성(形聲)이 한자를 만드는 주요 방식이며 갑골문 시기에 이미 이런 방식으로 만들어진 글자들을 확인할 수 있습니다. 몇 가지 예시를 함께 살펴보겠습니다.

상형자: 齒(이 치)　　鼎(솥 정)

지사자: 上(위 상)　　刃(칼날 인)

회의자: 涉(건널 섭)　　牧(칠 목)

형성자: 🜨星(별 성)　　　🜨鳳(봉새 봉)

　　상형자인 '🜨(齒)'자의 경우 위아래 치아가 난 모습을 본뜬 것
으로 자형을 보면 한눈에 그 의미를 알 수 있습니다. '🜨(鼎)'는 고
대에 만든 솥의 모습을 그린 것입니다. 지사자는 추상적인 의미를
부호를 사용하여 나타낸 것인데 위에 작은 선을 더해서 '上'자의
위라는 의미를 나타냈고 또 아래 작은 선을 더해서 '下'자를 표시
했습니다. '刃'자의 경우 칼 위에 점을 하나 추가하여 날카로운 칼
날을 표시했습니다. 회의자는 의미를 나타내는 두 개 이상의 글자
를 합쳐서 새로운 의미를 나타내는 방식입니다. 물을 건넌다는 뜻
의 '涉'자의 경우 '🜨(止)'는 발의 모양인데 발로 '🜨(水)' 물을 건너
는 뜻을 나타냈습니다. 형성자는 한 글자에서 소리를 나타내는 성
부와 의미를 나타내는 의부로 이루어진 글자입니다. 예를 들어 별
을 나타내는 '星'자는 여러 별들의 의미를 가리키는 네모난 별들
과 글자의 발음을 나타내는 '🜨(生)'자가 소리부로 들어갔습니다.
봉황을 나타내는 鳳자의 경우 갑골문에서는 새의 모양과 소리를
나타내는 '🜨(凡)'자로 이루어졌습니다. 갑골문 시기에 형성자가
이미 존재하는데 형성자는 글자를 만드는 매우 합리적인 방법으
로 후기로 갈수록 그 비율이 증가합니다.

이처럼 갑골문은 이미 당시의 언어를 완벽하게 기록해 낼 수 있는 아주 고도로 발전된 문자 체계였습니다. 이렇게 발전하기까지 그 이전에 어떤 과정이 있었을 텐데 도기 파편에 새겨진 부호들 이후로는 아직까지 유물이 발굴되지 않았습니다. 언젠가 갑골문 바로 이전 단계의 문자 흔적도 발굴될 수 있지 않을까 하는 생각이 듭니다.

금문

갑골문이 중국 은나라 시기의 대표적인 문자였다면 '금문(金文)'은 은나라 말기에 이미 생겨나 서주(西周)시대에 최고조에 이르게 됩니다. 은나라에서 서주, 춘추전국 시기 청동기에 새겨진 문자를 통틀어서 '금문'이라고 합니다. '금문'의 '금(金)'은 우리가 익히 아는 황금이 아닌 청동기를 뜻합니다. 고대에는 금속 재질인 청동을 '금'이라고 칭했습니다. '금문'을 또 다른 말로 '길금문(吉金文)'이라고도 하는데 '길(吉)'이란 굉장히 단단한 것을 뜻해서 단단한 청동기인 '길금'에 새긴 문자를 뜻합니다. 청동기에 새기는 것을 '명(銘)'이라고 해서 '명문(銘文)'이라고도 불립니다. 청동기

중에서 가장 많이 명문이 새겨진 것들로 '종(鍾)'과 '정(鼎)'이 있습니다. 당시 사람들은 예악(禮樂)을 매우 중시해서 제사 지낼 때 쓰는 악기가 바로 '종'이고 희생 제물을 삶는 솥이 바로 '정'이었는데 이 둘의 명칭을 합해서 '종정문(鍾鼎文)'이라고도 합니다. 이렇게 종정문, 길금문 등 다양한 이름으로 불리다가 지금은 줄여서 간단하게 '금문'이라고 합니다.

금문이 새겨진 기물들을 한 번 살펴보겠습니다. 위에서 종이나 정에 많이 새겨져 있다고 했는데 먼저 종을 살펴보면 그 크기가 작은 것부터 큰 것까지 있습니다. 작은 것은 높은음을 큰 것은 낮은음을 냅니다. 마치 실로폰과 같은 원리라고 생각할 수 있습니다. 큰 나무 틀에 크기별로 나란히 매달려 있는 종을 연주하는 사람이 막대기를 들고 치면서 예악을 연주했습니다. 아래 사진에서 종 가운데 글자가 새겨진 것을 볼 수 있습니다.[4]

---

4   이하 금문 관련 사진 출처: https://donghong.tistory.com 〈조성덕〉

종(鍾)   종에 새겨진 금문

　정은 보통 발이 3개 있는 둥근 것도 있고 4개 있는 사각 모양의 정도 있습니다. 정은 주로 희생 제물 즉 고기 같은 걸 삶는 용도로 사용되었습니다. 고대에는 몇 개의 큰 정을 갖고 있느냐가 왕과 국가의 권위를 나타내기도 합니다. 정은 제기로도 사용되고 식기 또는 수장품으로써 또 더 나아가 왕의 권위를 나타내는 중요한 기물로 사용되었습니다. 그 밖에도 다양한 기물이 있는데 반(盤)과 같이 물을 담는 기구의 안쪽에도 글자가 새겨져 있습니다.

정(鼎)

반(盤)

　금문은 어떻게 청동기 위에 새겨졌을까요? 청동기에다 직접 글자를 새긴 것도 몇 개 보이긴 하지만 청동기는 굉장히 딱딱해서 글자를 새기기가 힘듭니다. 보통 주물 방식으로 만드는데 진흙에 글자를 새겨서 찍어내는 방식을 사용합니다. 청동기를 만들 때는 먼저 진흙을 빚어서 틀을 만드는데 안 틀과 겉 틀을 '모(模)'와 '범(範)'이라고 합니다. 모와 범을 만든 다음 그 사이에 쇳물을 붓는데 붓기 전에 먼저 진흙에 글자나 문양을 새기고 쇳물을 부어 딱딱하게 굳힌 다음에 모와 범을 뜯어내면 청동기에 글자가 나타나게 됩니다. 우리가 지금 사용하고 있는 모범이라는 단어가 여기에서 생겨난 것입니다.

금문은 진흙에다 글자를 쓰다 보니까 파내기가 좋아서 갑골문에 비해 선이 비교적 굵고 또 풍만하며 둥글고 부드러운 느낌을 줍니다. 찰흙에다가 글자를 새긴다고 상상하면 쉽게 이해가 갈 것입니다. 지금 우리가 보는 종이 위의 금문은 이렇게 만들어진 청동기 위에다가 탁본을 뜬 것입니다.

	갑골문	금문
象(상)		
馬(마)		
王(왕)		

갑골문과 금문 자형 비교

금문 몇 글자를 예로 살펴보겠습니다. 상(象)자는 코끼리의 모습을 그린 것인데 갑골문에 비해서 금문의 코끼리 상자는 까맣게 되어있는 것을 볼 수 있습니다. 진흙에 글자를 새기는 과정에서 이렇게 글자가 써졌습니다. 그 다음 마(馬)자는 말의 모습을 본 뜬 것으로 금문은 갑골문보다 비교적 둥글고 선이 두꺼운 편입니다. 왕(王)자도 아래획이 비교적 굵고 둥근 것을 볼 수 있습니다. 기물 상의 글자도 함께 직접 살펴보겠습니다.

궤(簋)

궤(簋) 뚜껑 안쪽의 금문

위 사진을 보시면 제기의 한 종류인 궤의 뚜껑 안쪽에도 글자가 새겨져 있는 것을 볼 수 있습니다. 왼쪽 하단에 세로로 자세히 보시면 '자자손손보용(子子孫孫寶用)'이라고 되어있습니다. 금문에 자주 나오는 표현으로 보통 '자자손손영보용(子子孫孫永寶用)' 이라고도 씁니다. ♀(子)와 ♀(孫)자 옆에 획이 두 줄 있습니다. 즉 해당 글자가 두 번 나온다는 중첩표시입니다. 따라서 읽을 때 는 '자자손손영보용'이라 하여 이 소중한 제기를 자손 대대로 귀 하게 사용하라는 뜻을 담고 있습니다.

금문에는 주로 왕이 신하에게 분봉을 내리거나 하사품을 내리 는 내용이 담겨 있고 그 밖에 토지 교역이라든지 전쟁, 조상들의 업적 등 다양한 기록이 담겨 있습니다. 집안의 귀한 보물이니 대 대로 잘 보관해야겠지요? 이처럼 금문은 중국 고대 사회를 이해 하는 아주 중요한 자료가 됩니다.

지금 우리가 볼 수 있는 문물은 두 종류가 있는데 하나는 땅에 서 발굴된 출토 문물입니다. 갑골문이나 금문은 모두 이런 종류에 속합니다. 다른 한 가지는 과거에서 현재까지 전해져 내려오는 문 헌과 같은 종류의 것입니다. 문헌은 여러 사람에 의해서 베껴 쓰 고 인쇄하는 과정에서 내용의 변화가 생기기도 합니다. 반면에 출 토 문물은 마치 화석처럼 그 물건을 사용했던 당시의 모습 그대로 를 잘 간직하고 있어서 시대상을 알 수 있는 아주 중요한 기록이 됩니다. 고문자 단계의 문자들은 대부분 이러한 출토 문물로 기물 에 새겨진 것들입니다. 따라서 고문자를 이해하기 위해서는 문자학 지식뿐만 아니라 역사학과 고고학 지식을 겸비해야 합니다. 그 당시의 사회적 배경을 잘 알아야 글자 고석도 원활이 진행될 수 있습니다.

끝으로 고문자가 옛 글자 같다고 생각하지만 우리의 일상생활 속에서 상호명이나 로고의 디자인 요소로 많이 사용됩니다. 또 서예의 서체로 즐겨 쓰이기도 합니다.

고문자 디자인2

고문자 디자인1

고문자 디자인3 [5]

---

5 https://www.yedaham.co.kr/main.do?naver_bg=%E2%80%9Dmaintext%E2%80%9D

처음 사진은 성맹(誠盟)으로 식당 이름이고 마랄(馬辣) 역시 식당 이름입니다. 예다함이라는 회사의 '禮(예)'자는 본래 자형인 '豊(예)'자의 갑골문을 활용해서 로고로 활용했습니다. '豊'자는 본래 제기에 곡식이 풍성하게 담긴 모습입니다. 후에 풍성하다는 뜻으로 쓰이자 제사와 관련된 '示(시)'자를 편방으로 추가해서 지금의 '禮'자가 되었습니다. 갑골문, 금문과 같은 고문자에 관한 지식을 갖고 있으면 일상 속 고문자 디자인에 담긴 문화적인 요소 또한 쉽게 파악할 수 있습니다.

제4장

고문자 시기2:
전국문자와 소전

전국시대와 전국문자

본 장에서는 전국문자(戰國文字)와 소전(小篆)을 살펴보려고 합니다. 전국문자란 춘추시대 말기부터 전국시대를 거쳐서 진나라가 육국(六國)을 통일하기 전까지 주 왕실과 각 제후국이 사용하던 다양한 문자를 가리킵니다. 앞서 갑골문이나 금문은 동물의 뼈나 갑골, 청동기와 같은 소재를 명칭으로 삼았다면 전국문자는 전국시대에서 명칭을 따와서 이 시기에 쓰인 다양한 문자를 지칭합니다.

전국시대에는 사회에 급격한 변화가 일어났습니다. 경제, 정치, 문화 등이 비약적으로 발전함에 따라 문자의 사용 범위가 점점 넓어졌고, 문자를 사용하는 사람도 많아지면서 자형에도 급격한 변화가 일어났습니다.

이 당시 주 왕실은 이미 세력이 약해졌고, 전국칠웅(戰國七雄)이라 불리는 7개의 제후국이 있었습니다. 동쪽의 제(齊), 남쪽의 초(楚), 서쪽의 진(秦), 북쪽의 연(燕), 그리고 삼진(三晉)이라 일컫는 중앙의 한(韓)·위(魏)·조(趙)입니다.

전국칠웅[1]

  이 중에서 진나라가 가장 강력하여 B.C. 221년 육국을 무너뜨리고 중국 최초의 통일 왕조를 세우면서 문자와 도량형도 통일했습니다. 아마 진시황의 업적을 생각하면 분서갱유(焚書坑儒) 사건과 문자 통일을 들어보신 적이 있을 겁니다. 춘추전국 시기에 진나라가 위치한 곳이 서주(西周)가 자리 잡고 있었던 지역이었으므로 사회적으로 그다지 큰 변화가 없어서 자형의 변화 역시 그리 심하지 않았지만, 반대로 동쪽의 육국들은 지역적으로 멀리 떨어

---

1   두산백과 https://terms.naver.com/entry.naver?docId=1139315&cid=40
     942&categoryId=33403

져 있어서 자형상 차이가 있었습니다. 이렇게 제후국마다 쓰는 자형의 차이가 크다 보니 진나라는 그들이 사용하는 자형을 기준으로 전국의 문자를 통일했습니다. 진나라 계통의 문자를 진계문자(秦系文字)라고 하고, 기타 여섯 제후국의 문자를 육국문자(六國文字)라고 하는데 전국문자는 이를 통틀어 가리키는 것입니다.

그럼 전국 시기의 글자는 어떻게 남아 있을까요? 문헌상으로는 『설문해자(說文解字)』에 수록된 고문(古文), 주문(籀文)과, 삼체석경(三體石經)의 고문, 곽충서(郭忠恕)가 편찬한 『한간(汗簡)』 등에 수록된 고문을 통해서 그 면모를 살펴볼 수 있습니다. 여기에서 고문은 옛사람들이 그들이 사는 시대보다 이전 시대에 쓰인 자형을 보았을 때 이미 형체가 당시와는 많이 다른 자형을 가리키는 말로 쓰입니다. 전국문자는 문헌 외에도 중국 호북성에서 발굴된 곽점 초간(郭店楚簡)처럼 출토 유물을 통해서 많이 발굴되고 있습니다.

전국문자의 자형은 어떤 모습이었는지 '馬'자를 예로 들어 살펴보겠습니다. 왼쪽부터 순서대로 진, 제, 초, 연, 한, 조, 위의 자형입니다. 보다시피 현재 우리가 사용하는 자형인 '馬'자와 가장 유사한 것이 진나라에서 사용한 글자체이고 다른 육국에서 사용한

'馬'자는 매우 간략하게 변형된 자형임을 알 수 있습니다.

전국문자 '馬'자 예시

　우리가 오늘날 사용하는 한자 자형이 예전부터 그러한 모양으로 지금까지 줄곧 사용되었다고 생각할 수 있지만, 한자는 긴 세월 동안 자형의 변화를 거쳤고, 때로는 인위적인 자형 정리의 과정을 거치기도 했습니다. 거듭된 정리를 거쳐 오늘날 한자의 모습이 된 것입니다.

전국문자의 종류

　은나라 시기의 주된 문자가 갑골문이고, 서주시기에 주로 쓰인 문자가 청동기에 새겨진 금문이라면 전국문자는 뼈나 청동기를 포함해 그 외에도 매우 다양한 기물에 쓰였습니다. 그만큼 문자의 쓰임새나 범위가 다양해진 것입니다. 주로 죽간이나 비단에 쓰여진 간백문자(簡帛文字), 청동기에 새긴 금문(金文), 도장에 쓰이는 새인문자(璽印文字), 화폐에 쓰여진 화폐문자(貨幣文字), 도기에 쓰여진 도문(陶文) 등이 있습니다.

간백문자를 먼저 살펴보겠습니다. 간(簡)은 대나무 조각인 죽간을 의미하고, 백(帛)은 비단을 뜻합니다. 종이가 발명되기 이전에는 쉽게 구할 수 있는 죽간이나 비단이 주요 서사 재료였습니다. 죽간은 은나라 때부터 사용되었기에 갑골문에서도 그 흔적을 찾아볼 수 있습니다. 예를 들어 ䷁(冊)은 죽간을 끈으로 엮어서 만든 책을 본뜬 것이고, ䷁(典)은 양손으로 책을 받들고 있는 모습입니다. 갑골문 시기에도 이미 대나무 조각과 같은 나무에 글자를 썼는데, 시기적으로 지금과 너무 멀어서 나무 조각들은 이미 썩어 없어지고 갑골과 같은 딱딱한 재질의 귀갑과 뼈만 후대에 남게 됩니다.

상해박물관 초간
(上海博物館楚簡)

중산왕청동기 명문

청동기에 새겨진 금문으로는 대표적으로 '중산왕청동기(中山王青銅器)'의 장편 명문이 있습니다. 기존의 금문이 미리 진흙으로 만든 틀에 글자를 새겨넣은 뒤 쇳물을 부어 주조한 것이라면, 전국시대 중기 이후에는 기물을 먼저 만든 다음 칼로 새긴 것이 있습니다. 글자가 가늘고 길며 수려한 특징이 보입니다.

그 밖에 도장에 쓰이는 새인문자가 있고, 지방에서 대량으로 유통된 화폐에 쓰인 화폐문자가 있습니다. 화폐는 주로 청동기로 이루어졌으며, 모양과 제도가 나라별로 달랐습니다. 화폐의 모양을 살펴보면 크게 삽의 모양을 닮은 포(布), 칼의 모양을 닮은 도(刀), 동그란 원전(圓錢), 조개와 비슷하게 생긴 의비전(蟻鼻錢)이 있었습니다.

---

2 https://baike.baidu.com/item/%E4%B8%AD%E5%B1%B1%E7%8E%8B%E4%B8%89%E5%99%A8/2229639?fr=ge_ala

▲ 三晉古璽 王范 鑒印山房藏 中国书法

새인문자[3]

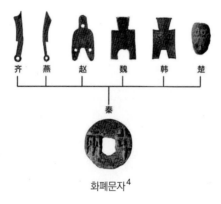

화폐문자[4]

---

3 https://mp.weixin.qq.com/s?__biz=MzA3OTU3NzMyOQ==&mid=265
   1300972&idx=8&sn=0905f5c32fdb5b64826f0eb0a825c567&chksm=
   84426df2b335e4e4f9d7bda12b6fc06d48c10134ede422bf9271064be6
   cd35180900255d6888&scene=27
4 https://www.163.com/dy/article/IQ1LF4BA051495SS.html

전국문자는 전국시대 각 지역에서 통용된 문자이다 보니 지역마다 특징이 현저하게 드러나고 있습니다. 초나라와 같은 일부 지역은 장식성이나 미술성이 강조되어 획이 가늘어지고 아름다움을 추구하기도 했습니다. 또한 문자 사용이 보편화된 사회 속에서 한자의 형태가 간략화되어 가는 모습을 보입니다. 이렇게 진을 중심으로 한 서방의 글자와 동방의 육국문자는 결국 진이 전국을 통일하면서 진나라의 서체로 문자를 통일하게 됩니다.

한자의 통일 : 소전

진시황이 천하를 통일한 후, 재상인 이사(李斯)는 한자를 통일하기 위해 진나라에서 사용되던 한자 자형들을 제외한 나머지 전국문자들을 폐기하고, 진나라 서체를 중심으로 자형들을 정리합니다. 이때 만든 자형이 소전(小篆)인데, 소전 이전에 진나라 지역에서 많이 사용된 자형을 대전(大篆)이라 하고 대전은 또한 주문(籀文)이라고도 합니다. 대전의 일부를 생략하고 수정하여 소전 자형을 만든 것입니다. 한나라 때 허신은 『설문해자』를 편찬하면서 그가 볼 수 있었던 이른 시기의 자형인 소전을 표제자로 삼았기에 오늘날 『설문해자』를 통해서도 소전을 볼 수 있습니다. 아래 『설문해자』에서 구불구불한 곡선으로 쓴 것이 소전 자형입니다.

『설문해자』의 소전 자형

소전 자형은 일정한 두께의 곡선으로 이루어졌으며 글자의 구성이 매우 체계적입니다. 자형이 고정되어 동일한 편방은 단 하나의 자형만을 갖게 됩니다. 예를 들어 현재 사용하는 해서체 자형에서는 서사의 편의를 위해 火편방이 아래 위치할 때는 灬와 같이 쓰기도 하지만, 소전에서는 어느 위치에 오든 동일한 편방 자형을 유지했습니다. 적은 양의 한자의 구성성분을 조합하여 대량의 한자를 만들 수 있던 것입니다. 소전에 이르러서는 형성자가 대량으로 증가하게 됩니다. 소전은 아직 고문자 단계의 자형이기 때문에 한자의 형태 구성과 생성 원인을 잘 보존하고 있습니다.

공차 로고[5]

일상생활에서 볼 수 있는 소전 자형으로 무엇이 있을까요? 음료수 브랜드인 '공차'를 일례로 들 수 있습니다. 소전은 규범화된 자형이기에 가지런하고 질서정연하며 권위 있는 느낌을 줍니다. 즉 쓰기에는 다소 불편한 점이 있지만 시각적으로는 매우 아름답고 체계성이 돋보이는 자형이라고 할 수 있습니다.

지금까지 갑골문, 금문, 전국문자, 소전에 이르기까지 고문자 단계의 자형 변화를 살펴봤습니다. 한자 발전사에 있어서 갑골문, 금문, 전국문자가 자연스러운 자형의 발전이었다면, 진나라 이후 소전으로 전국을 통일한 것은 처음으로 이루어진 대규모의 한자 정리 사업이었습니다. 춘추전국시기까지 있었던 혼란스러운 한자

5 　https://www.gong-cha.co.kr/brand/

한자학개요

의 자형을 정리한 진나라의 업적은 고문자 단계에서 가장 완성된 자형을 후대에 남겼다는 의의가 있습니다

마지막으로 한자를 공부하면서 갑골문이나 금문과 같은 고문자 자형이 궁금할 때 찾아보면 좋은 한자 데이터베이스를 소개할까 합니다. 대만 중앙연구원에서 구축한 소학당(小學堂, https://xiaoxue.iis.sinica.edu.tw/)에서는 각 시기별 자형을 살펴볼 수 있습니다. 또한 청동기가 궁금하다면 같은 기관에서 구축한 청동기애완망(靑銅器愛玩網, https://www.ihp.sinica.edu.tw/~bronze/pv/pv.htm)을 참고할 수 있습니다.

소학당(小學堂)

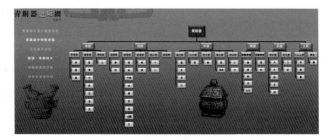

청동기애완망(靑銅器愛玩網)

한자학개요

제5장

금문자 시기:
예변(隷變)과
한자 자형의 변화

금문자 단계

갑골문, 금문, 전국문자, 소전까지 한자 자형이 고문자(古文字) 단계라면 예서(隸書) 이후를 오늘날의 한자 자형에 가까운 금문자(今文字) 단계라고 봅니다. 진시황이 천하를 통일한 이후에 아직 사회가 어지러워 죄수가 많아지자 감옥 업무가 많아졌고, 빠른 행정 처리를 위해 감옥의 죄수들을 맡고 있던 정막(程邈)이라는 사람이 소전에 비해 빨리 쓸 수 있고 간략한 예서를 만들었다고 전해집니다. 다만 이건 어디까지나 이야기일 뿐 정확한 것은 알 수 없습니다.

예서

실제 소전이 공식적인 서체로 쓰이던 진나라 때 이미 예서가 빨리 쓰기 위한 서체로 소전과 함께 존재했습니다. 1975년 호북성에서 발굴된 운몽수호지진간(雲夢睡虎地秦簡)에는 진나라의 법률 조문이 기록되어 있었는데 모두 예서로 쓰여 있습니다. 소전은 공식적인 규범 문자였으므로 황제의 조칙과 같은 공식 문서는 소전으로 작성했고, 비공식적인 행정이나 일반적인 문자는 예서로 작성했던 것입니다. 여러분도 교과서에 인쇄된 글자나 비석과 같은 데 쓰인 글자는 매우 단정하지만 실제 노트에 손으로 글씨를 쓸 때는 빨리 필기하기 위해서 흘려 쓰는 경우가 종종 있을 것입니다. 이렇게 어디에 어떻게 어떤 용도로 누가 쓰느냐에 따라서 글자는 달라지기도 합니다.

오늘날의 서체에 가까운 예서는 그럼 어떤 특징이 있는지 한 번 살펴보겠습니다. 소전이나 그 이전 시기의 고문자 자형들은 아직 정형화되지 않았고 상형성이 짙어서 비교적 구불구불한 곡선으로 이루어졌다면, 예서는 네모난 틀로 정형화되고 곡선은 빨리 쓰기 위해 직선화되면서 '필획'의 개념이 생기기 시작했습니다. 아래 그림을 보면 그 차이를 느낄 수 있을 겁니다.

소전 예시

예서 예시

예를 들어 '✳'은 '木'으로, '☐'은 '日'로 직선화되면서 쓰기 편리해졌고 필획을 셀 수 있게 되면서 4획으로 고정됩니다. 필획이나 편방이 생략되고 병합되기도 했습니다. 예를 들어 凵는 입을 나타낸 것으로 예서 자형에서는 '口'로 간략하게 쓰게 되었고, 고문자 단계의 ♁♁은 두 팔을 벌린 사람의 정면 모습을 본 뜬 것인데, 예서에서는 팔 부분을 한 획으로 직선화하여 '大'자로 쓰게 되었습니다. '曹'자는 ♦와 같이 고문자 단계에서는 윗부분이 棘자로 이루어져 있는데 예서에서는 윗부분을 하나로 병합하여 '曹'로 썼습니다. 마치 쌍비읍(ㅃ)을 이어서 빨리 쓰는 것과 비슷한 논리입니다.

그다음으로 편방을 살펴보면 예서로 오면서 자주 사용되는 편방들이 쓰기 편하게 간략화됩니다. 人으로 구성된 글자들에서 人을 'イ'으로 쓴다든가 艸로 구성된 글자들에서는 '艹'로 쓰는 것과 같습니다. 소전 자형만 하더라도 尺(人)이 독체자로 쓰이거나 합체자로 쓰일 때 ⻌(仁), 🔧(從)과 같인 尺(人)은 항상 그 모양으로 고정되어 있었습니다. 하지만 예서는 人이 합체자의 편방으로 올 때 'イ'으로 간략하게 썼습니다. 🔧(水) 역시 마찬가지로 🔧(江), 🔧(滅)과 같은 자형에서 모두 🔧(水)로 쓰지만 예서에서는 'シ'로 간략하게 변형하여 좌측의 편방으로 쓸 때 'シ'로 쓰게 됩니다. 이

렇게 필획과 편방이 변형되는 과정에서 본래는 다른 글자였지만 자형이 같은 편방으로 변형되는 현상이 일어나기도 했습니다. 春, 秦, 泰자의 윗부분은 고문자 단계에서 본래 모두 다른 모습을 나타냈지만, 형태가 유사하여 예서로 쓰면서 모두 ꇯ로 쓰기 시작합니다.

　지금까지 살펴본 일련의 예서 자형의 구조적인 큰 변화를 가르켜 '예변(隷變)'이라고 합니다. 갑골문, 금문, 소전에 해당하는 고문자 단계의 한자는 점차 회화성을 버리고 정형화되었지만 형태적인 큰 변화는 없었습니다. 하지만 예서는 필획과 편방이 간략화되면서 구조적으로 큰 차이가 생겨났기에 이러한 변화를 일컬어 '예변'이라고 하게 되었습니다. 회화적인 요소는 완전히 사라지고 직선의 필획이 생겨나면서 점차 기호화된 것입니다. 진나라 때는 소전이 공식 자형으로 예서와 함께 존재했고, 한나라 때 오면서 쓰기 편리한 예서가 공식적으로 사용되었습니다. 그때부터 현재까지 우리는 예서의 틀을 유지한 한자 자형을 사용하고 있습니다.

초서

그럼, 예서 이후의 한자 자형의 변화에 대해서도 살펴보겠습니다. 초서(草書)는 어떻게 생겨난 것일까요? 초서라고 하면 매우 흘려 쓴 자형이란 생각이 먼저 듭니다. 초서는 글자를 빠르게 쓰기 위한 목적으로 만들어진 자형이며 한나라 때부터 생겨나기 시작합니다. 초서는 예서를 간화하여 기존 글자의 윤곽만 쓰거나 획을 과감하게 생략해 글자 쓰는 속도를 매우 빠르게 한 것입니다. 하지만 그렇다고 아무렇게나 휘갈겨 쓴 것이 아니라 전체적인 윤곽은 유지하면서 흘려 쓴 것입니다. 여러분도 펜으로 무언가를 빨리 쓸 때 글자의 선을 이어서 흘려 쓴 경험이 있을 것입니다.

한대에서 당대에 이르는 초서는 크게 장초(章草)와 금초(今草), 광초(狂草)로 구분합니다. 장초는 흘려쓰기는 하되 한 글자씩 띄어 쓴 것이고, 금초는 그것보다는 흘려 쓴 것, 광초는 거의 알아볼 수 없을 정도로 획을 이어 흘려 써서 거의 예술의 경지에 이른 글자체입니다. 이런 자형은 일상적으로 활용하거나 알아보기에는 너무 어려워서 광범위하게 사용되지는 않습니다.

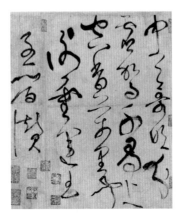

광초: 장욱(張旭)의 『草書古詩四帖全卷』의 일부 모습[1]

해서와 행서

해서(楷書)란 무엇일까요? 해서는 예서에서 좀 더 발전한 것으로 초서보다는 식별이 용이하고 예서보다는 더욱 쓰기 편리하게 만든 자형입니다. 쓰기 어려운 필획은 쉽게 고치고 필획을 좀 더 직선화했으며, 짧은 점이나 갈고리 모양의 삐침 획 등이 등장합니다. 예를 들어 다음 河, 鉤자에서도 그런 변화를 살펴볼 수 있습니

---

1   https://www.jianshu.com/p/94ac9aab72d8

다. 문자의 구조는 예서와 차이가 없으면서도 필획이 직선으로 더욱 반듯해지고, 글자 모양도 정방형이 되면서 예서보다 쓰기 편한 자형이 되었습니다.

河(예서) → 河(해서)

鉤(예서) → 鉤(해서)

해서의 '해(楷)'는 모범적이고 표준적이라는 의미로, 가장 본보기로 삼을만한 자형을 뜻합니다. 따라서 '진서(眞書)', '정서(正書)', '정해(正楷)'라고도 불립니다. 해서가 만들어진 시기는 대략 한위(漢魏) 교체기 정도로, 수당(隋唐)에 이르러 완전한 형태를 이루어 2,000년 가까이 큰 변화 없이 오늘날까지 통용되고 있습니다.

행서(行書)란 무엇일까요? 행서란 실제 해서를 쓰는 과정에서 쓰기 편리함을 위해 해서를 약간 흘려 쓴 것입니다. 모든 글자는 규범적인 자형과 직접 쓰는 과정에서의 필기체가 있기 마련인데 행서 역시 일반 사람들이 해서를 빠르게 쓰는 과정에서 자연스럽게 약간 흘려 쓴 글자입니다. 우리가 실제 한글을 쓰는 과정에서 직접 필기할 때 살짝 흘려쓰는 것과 비슷합니다.

발달의 방향

지금까지 예서부터 초서, 해서, 행서에 이르기까지 한자 자형의 변화를 살펴보았습니다. 이러한 한자 자형 변화의 전반적인 추세는 무엇일까요. 갑골문 시기에 그림에 가까운 상형성이 짙은 문자에서 예서 이후로는 점차 회화성을 버리고 직선화, 부호화됩니다. 부호화되는 동시에 한자는 체계성을 유지하고 있기에 오늘날까지도 생명력을 잃지 않고 지속적으로 사용되고 있습니다. 이렇게 되는 과정에서 한자는 주로 간화(簡化)하는 방향으로 발전했습니다. 물론 의미 강조를 위해서 편방이 추가되는 등 번화(繁化) 현상도 일어나기는 했지만, 한자는 구조적으로도 점차 간략한 구조로 변화했고, 쓰기 빠르고 편리한 방향으로 발전했습니다. 그러한 과정에서 시대적 환경이나 도구, 기술의 발달로 인한 자연스러운 자형의 변화도 있었고, 진시황의 문자 통일과 같은 인위적인 문자 정리 작업도 있었습니다. 이제 한자는 점차 손으로 쓰는 것에서 컴퓨터로 입력하는 것으로 많이 쓰이고 있습니다. 과거에는 없던

코드라는 속성이 자형에 부여되면서 오늘날의 한자는 컴퓨터와 같은 정보처리 영역에서도 활용할 수 있도록 매우 규범화되었습니다. 최근에는 미디어나 SNS 등의 자유로운 소통의 영향으로 독특하고 재밌는 한자 자형도 새롭게 등장하곤 합니다. 실생활 속에서도 유심히 살펴보면 한자의 자형을 이리저리 활용한 광고들이 눈에 띄곤 합니다. 한자는 이처럼 현재에도 끊임없이 변화하며 다방면으로 활용되고 있습니다. 앞으로도 한자가 어떤 방향으로 발전할지 살펴보는 것은 매우 흥미로운 일이라고 생각합니다.

제6장

설문해자와 육서

설문해자

한자학 연구에서 매우 중요하게 다뤄지는 책이 있습니다. 바로 『설문해자(說文解字)』입니다. 동한(東漢)시기 사람인 허신(許愼)이 유교 경전의 올바른 해석을 목적으로 저술한 『설문해자』는 한자를 체계적으로 정리하고 한자 자형과 그 본래의 뜻을 풀이한 중국 최초의 자전이기에 그 가치가 이루 말할 수 없이 큽니다. 후에 『설문해자』 연구는 청나라 때까지 지속되는데 대표적인 것이 『설문해자』의 각 글자에 대해 설명을 추가한 단옥재(段玉裁)의 『설문해자주(說文解字注)』입니다. 이렇게 『설문해자』를 연구하는 학문을 '설문학(說文學)'이라고 합니다. 오늘날에도 많은 학자들이 『설문해자』를 연구하고 있습니다.

이 책의 제목인 『설문해자』란 무슨 뜻일까요? 여기에서 '설(說)'은 '설명하다, 해석하다'는 의미이고 '해(解)'는 '자형을 분석하여 의미를 풀이하다'는 의미가 담겨 있습니다. 지금은 '문자(文字)'라고 하지만 고대에 '문(文)'과 '자(字)'는 각기 문자를 가리키는 말로 따로 쓰였습니다. 허신의 설명에 의하면 '문'은 '人 , 木, 手'와 같이 하나의 구성요소로 이루어진 '독체자(獨體字)'를 가리킵니다. 대부분 사물의 모습을 나타내는 글자가 이에 해당합니다. 반면 '자'는 '休, 林, 森'과 같이 두 개 이상의 구성요소로 이루어진 글자입니다. 구성요소들이 합쳐져서 이루어진 글자들이기 때문에 '합체자(合體字)'라고 이야기합니다. 글자는 독체자인 '문'이 있고 또 그것들이 결합하고 파생해서 만들어진 합체자, 즉 '자'가 있는 것입니다. 『설문해자』는 바로 이러한 '문'의 의미를 해석하고 그 것들이 결합한 '자'의 구조를 분석해서 그 글자들이 처음 만들어 졌을 때의 의미인 '본의(本義)'를 풀이한 책입니다.

편찬 배경

『설문해자』가 편찬된 한나라 시기에는 유학을 국가의 통치 사 상으로 채택한 시기여서 유가경전의 올바른 해석이 매우 중요했 습니다. 그런데 한나라 이전의 진나라 시기에는 유가 경전을 불태 워 없애는 분서갱유(焚書坑儒) 사건이 있었습니다. 그로 말미암아 많은 유교 경전들이 사라졌습니다. 한나라 때가 되어 사람들은 유 가 경전을 외우고 있는 늙은 유생들을 찾아가서 직접 그들에게 배 우고 그들이 외우고 있는 경전의 내용을 당시 통용되던 예서(隸

書)로 써서 복원했습니다. 이렇게 그 당시의 자형으로 기록한 경전을 금문경(今文經)이라고 합니다.

한편 분서갱유 사건을 피해서 사람들이 숨겨두었던 경전이 하나둘씩 발견되었는데 한 경제(景帝) 때 옛 노나라 지역에서 공자의 저택을 허물고 공사하는 과정에서 벽 속에서 유가 경전들이 대량으로 쏟아져 나왔습니다. 이런 책들을 벽에서 발견되었다고 해서 벽중서(壁中書)라고 합니다. 벽중서는 그 책이 쓰였을 당시 노나라 지역에서 사용하던 전국문자로 쓰였기 때문에 한나라 때 사용하는 자형과는 다른 옛 자형이라는 뜻에서 학자들이 고문경(古文經)이라고 불렀습니다. 결국 학자들은 금문경을 중심으로 한 금문경학파와 고문경을 중심으로 금문경을 수정해야 한다는 고문경학파로 나뉘었고 이를 금고문 논쟁이라고 합니다.

경전의 글자 의미를 어떻게 해석하느냐에 따라 전체 의미가 달라지기 때문에 글자 풀이는 매우 중요한 문제였습니다. 허신은 고문경학파로서 당시 사람들이 예서 자형으로 글자의 뜻을 제멋대로 풀이하는 것을 한탄했습니다. 그는 고문경에 나오는 어려운 글자들을 해석해야 했기 때문에 그가 볼 수 있는 이른 시기의 자형인 소전(小篆)을 근거로 자형과 의미의 관계를 풀이했습니다. 허신이 생존했던 시기에 갑골문은 이미 소실되어 직접 볼 수는 없었고 그가 볼 수 있는 가장 이른 시기의 자형은 소전이었습니다. 허신은 한자를 육서(六書)로 분석하여 경전에 나타나는 글자의 의미를 하나씩 파악해 나갔습니다.

허신은 과연 어떤 사람이었을까요? 그는 경학(經學)에 매우 밝은 사람으로서 '오경무쌍허숙중(五經無雙許叔重)'이란 별명이 있었습니다. 숙중(叔重)은 허신의 자(字)로 이 말은 '오경에 있어서는 허신과 견줄만한 사람이 없다'는 뜻입니다. 허신이 경학에 매우 능통한 사람이었음을 엿볼 수 있는 기록입니다.

최초의 체계적 분류

여러분에게 만약 한자가 가득 들어있는 보따리가 있다면 그 안에 있는 한자들을 어떤 식으로 분류할 수 있을까요? 예를 들어서 '女'자가 편방으로 들어간 한자끼리 한데 모을 수도 있고 혹은 필획 수가 같은 한자끼리 모으거나 발음이 동일한 한자끼리 나눌 수도 있을 것입니다. 지금 우리가 자전에서 한자를 찾을 때 가장 많이 사용하는 방식이 바로 부수(部首)를 활용해서 한자를 찾는 방식입니다. 동일한 편방이 들어가는 한자들을 한데 모은 방법이지요. 예를 들어서 '人'자로 구성된 한자들을 한 부류로 묶고 또 '木' 자가 들어간 한자들을 한데 모으는 방식입니다. 여기에서 '人'자 나 '木'자를 해당 글자들을 통괄하는 우두머리라고 해서 부수라고 칭합니다. 그런데 이 부수를 가장 먼저 고안한 사람이 바로 허신 입니다. 그는 총 540개의 부수를 세워서 소전(小篆)을 대표자로 삼 아 9,353자의 표제자를 각 부수 아래에 나열했습니다. 또 주문(籒 文)과 고문(古文) 등의 중문(重文) 1,163자를 함께 실었는데 이것들 은 소전 자형과 자형은 다르나 의미가 같은 것이어서 중복되었다 는 의미에서 중문이라고 합니다. 표제자가 있고 그 글자의 중문 이 있는 경우 자형 정보를 함께 수록한 것입니다. 각각의 소전 표 제자 아래는 당시 통용되었던 예서로 글자 풀이 부분을 썼습니다. 그 후 『설문해자』가 계속 필사되고 전승되는 과정에서 뜻풀이 부 분은 해서로 쓰게 되었습니다.

허신이 창안한 540개의 부수는 그럼 어떤 순서로 배열되었을 까요? 그가 맨 처음 세운 부수는 '일(一)'부이고 맨 마지막 부수는 지지(地支)의 마지막인 '해(亥)'부입니다. 그는 고대의 철학적 사 상인 음양오행설을 기초로 만물이 일에서 시작해서 해로 끝난다 는 '시일종해(始一終亥)'의 원칙을 부수체계에 적용했습니다. 만물 이 일에서 소생해서 해로 끝나면서 다시 일로 일어나는 것처럼 우주의 삼라만상을 담고 있는 문자도 순환하는 체계로 본 것입니다. 540부라는 숫자는 음의 수인 6과 양의 수인 9를 곱해서 만든 것이기도 합니다. 허신이 세운 부수 체계는 후대에도 지대한 영향을 미쳐서 동한 시기 이후 편찬한 자전들은 이를 본받아 부수를 세워서 한자를 수록했습니다. 물론 540개의 부수는 그 수량이 너무 많아서 후대로 갈수록 비슷한 부수는 통합하고 잘 사용하지 않는 부수는 없애는 등 부수의 수를 조절했습니다. 청나라 때 편찬한『강희자전(康熙字典)』의 경우 총 214개의 부수로 되어있습니다. 우리나라의 많은 자전들도 이에 영향을 받았습니다. 이처럼 후대로 갈수록 검색의 편의를 위해서 부수의 수를 줄이는 방향으로 발전하게 됩니다.

부수를 세우는 두 번째 원칙은 '거형계련(據形系聯)'입니다. '거형계련'이란 자형에 따라 글자를 연결했다는 뜻인데 아래 그림으로 직접 살펴보겠습니다. 아래 그림에서 세로로 나열된 자형들이 소전으로 쓰여져 있는 부수입니다. 이것들을 살펴보면 '━(一)'로 시작해서 '丄(上)', '示(示)', '三(三)', '王(王)', '王(玉)'과 같은 순서로 되어 있습니다.

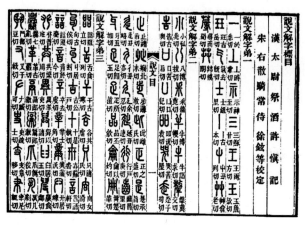

『설문해자』의 부수 예시

부수의 자형이 가로획으로 시작되었다가 차차 세로획으로 되면서 뒤에서는 '丨(丨)', ψ(屮), ψψ(艸)와 같이 자형이 유사한 것으로 연결된 것을 볼 수 있습니다. 허신은 자형의 형체에 의거해서 비슷한 것끼리 연결하였고 또 그렇지 않았을 때는 의미상으로 연결을 시키면서 540개의 부수를 배열했습니다.

부수 중에서 '示'부를 한 번 예로 들어 살펴보겠습니다. 먼저 '示'자가 맨 처음 나오고 그다음 '示'자가 구성 요소로 들어간 한자들이 쭉 나열되었습니다. 부수자의 설명에는 반드시 '凡某之屬皆从某'라는 용어가 들어가는데 이는 '무릇 이 부수에 속하는 글

자들은 모두 이 글자를 따른다'는 의미입니다. '示'의 경우 '무릇
示부에 속하는 글자들은 모두 示를 따른다(凡示之屬皆从示)'라고
쓰여 있습니다. 즉 '示'부에는 示자를 포함하는 글자들이 수록되
어 있다는 뜻입니다.

丁　底也，指事。〔胡雅〕切　下　篆文丁

示　天垂象，見吉凶，所以示人也。从二。三垂，日月
星也。觀乎天文，以察時變。示，神事也。凡示之屬皆从
示。〔神至切〕　古文示。

禮　履也。所以事神致福也。从示从豊，豊亦聲。〔靈啟切〕
古文禮。

禧　禮吉也。从示喜聲。〔許其切〕

禛　以真受福也。从示真聲。〔側鄰切〕

祿　福也。从示彔聲。〔盧谷切〕

禠　福也。从示虒聲。〔息移切〕

禎　祥也。从示貞聲。〔陟盈切〕

祥　福也。从示羊聲。一云善。〔似羊切〕

祉　福也。从示止聲。〔敕里切〕

福　祐也。从示畐聲。〔方六切〕

祐　助也。从示右聲。〔于救切〕

祺　吉也。从示其聲。籀文从基。

祜　福也。从示古聲。〔郭杜切〕

禔　安福也。从示是聲。《易》曰：禔既平。〔市支切〕

각 부 안에서 한자를 배열할 때는 좋은 의미를 지닌 한자를 앞
에 두고 좋지 않은 의미를 지닌 한자는 뒷부분에 두었습니다. 아
울러 글자의 의미는 자형을 중심으로 본의를 간결하게 설명하였
으며 뜻을 정확히 모르는 경우 억지로 설명하지 않고 비어두다는
의미에서 '궐(闕)'로 대신하였습니다. 학자로서 매우 정직한 허신

의 태도를 엿볼 수 있습니다.

육서의 적용

허신은 수록자인 9,353자를 한자를 만드는 방식인 '육서(六書)'
로 분석했습니다. 먼저 육서란 무엇인지 살펴보자면 중국에서는
전통적으로 한자를 만드는 방식을 여섯 가지로 분류했는데 이것
을 육서라고 합니다. 육서는 상형(象形), 지사(指事), 회의(會意), 형
성(形聲), 전주(轉注), 가차(假借) 이렇게 여섯 가지가 있습니다. 육
서라는 명칭은 그 예전부터 있었지만 동한시기 허신에 이르러서
야 『설문해자』 서문에 육서에 대한 설명과 예시를 들고 육서를 한
자 분석에 활용하였습니다. 육서 중에서 상형, 지사, 회의, 형성이
한자를 만드는 주된 방식이고 뒤의 전주와 가차는 한자를 사용하
는 방식이기 때문에 여기에서는 앞의 네 가지를 위주로 살펴보겠
습니다.

먼저 상형이란 말 그대로 사물의 모습을 본뜨는 제자(制字) 방
식입니다. 예를 들어 태양을 가리키는 '日'자의 경우 갑골문에서
는 ⊖로 둥근 해의 모습을 본떴습니다. '물고기 어(魚)'자는 갑골

문은 🐟로 쓰는데 물고기의 모양을 많이 닮았지요? 한눈에 물고기인 것을 알 수 있습니다. '이 치(齒)'자 역시 갑골문 🦷를 보면 치아의 모습을 본뜬 것임을 알 수 있습니다. 이렇게 상형의 방식으로 만들어진 한자들을 '상형자'라고 합니다.

지사란 추상적인 의미를 부호를 사용해서 나타내는 것입니다. 예를 들어 '위 상(上)'자의 경우 위에 있다는 것을 표시하기 위해 갑골문의 ⌒(上)과 같이 긴 선 위에 짧게 획을 더하여 위라는 뜻을 나타내었습니다. '칼날 인(刃)'자 역시 칼을 나타내는 '칼 도(刀)'자 위에 점으로 칼날의 의미를 표시했습니다.

회의란 두 글자를 합쳐서 새로운 뜻을 나타내는 방식입니다. 예를 들어 '쉴 휴(休)'자이 경우 사람(人)과 나무(木)을 결합해서 사람이 나무 옆에서 쉬는 새로운 의미를 만들어내었습니다. '좋을 호(好)'자 역시 갑골문을 살펴보면 👩로 엄마(女)가 아이(子)를 안고 좋아하는 모습에서 좋다는 의미를 나타내었습니다.

형성은 한 글자가 의미를 나타내는 부분과 소리를 나타내는 부분으로 이루어지는 제자 방식입니다. 의미를 나타내는 부분을 형부(形符)또는 의부(意符), 소리를 나타내는 부분을 성부(聲符) 또는 음부(音符)라고 합니다. 예를 들어 강을 나타내는 '江'자의 경우 왼쪽의 형부인 氵(水)는 물의 뜻을 나타내고 오른쪽의 '工'은 발음

한자학개요

을 나타냅니다. 물론 음은 변하는 것이기 때문에 고대와 현재의 음이 달라 성부의 발음이 오늘날의 발음과 약간 차이가 나는 경우가 있으나 대부분은 성모나 운모가 비슷합니다. 형성의 방법은 기존에 만들어진 문자를 활용해서 발음을 결합한 매우 합리적인 방법이기에 한자가 발전하는 과정에서 형성자가 제일 높은 비율을 차지합니다. 소전 단계에서는 이미 형성자의 비율이 85% 이상을 차지했습니다.

허신은 글자를 풀이할 때 그 글자가 상형자인 경우 '상형이다(象形)', '어떠한 모양을 본떴다(象某某之形)', '어떠한 것을 본떴다(象某某)'와 같은 용어를 사용해서 한자를 설명했습니다. 예를 들어 '牙, 牡齒也. 象上下相錯之形.(牙는 어금니이다. 위아래가 서로 엇갈린 모양을 본떴다.)'와 같이 상형자를 설명할 때는 어떠어떠한 모양을 본뜬 것이라고 말했습니다. 참고로 지금은 이를 '치아(齒牙)'라고 하지만 고대에 '치'는 앞니와 같은 절단하는 역할을 하는 이를, '아'는 뒷부분의 어금니를 가리켰습니다.

지사자를 설명할 때는 '지사이다(指事)', '어떠한 모양을 본떴다(象某某之形)' 등과 같은 형식으로 설명했습니다. 예를 들면 '刃, 刀堅也. 象刀有刃之形.(刃은 칼날이다. 칼에 날이 있는 모양을 본떴다.)와 같습니다. 부호로써 추가한 점을 가리켜서 설명한 것입니다.

회의자의 경우 두 개 이상의 글자로 조합된 것이기에 허신은 이 글자는 '무엇무엇을 따른다(从某某)', '무엇과 무엇을 따른다(从某从某)' 등과 같은 형식으로 설명했습니다. 여기에서 따른다는 것은 그 글자를 구성요소를 삼았다는 의미입니다. 예를 들어 '男, 丈夫也. 从田从力. 言男用力於田也. (男은 장부이다. 田을 따르고 力을 따랐다. 남자가 밭에서 힘을 쓰는 것을 말한 것이다.)'라고 하여 '男'자가 田과 力으로 구성된 글자임을 설명했습니다.

형성자는 '무엇을 따르고 무엇의 발음이다(从某, 某聲)'와 같은 형식으로 종종 설명했습니다. 예를 들어 '河, …从水可聲.(河는 水를 따르고 발음이 可이다.)'에서 볼 수 있듯이 河라는 글자는 水자가 의미부로 구성되었고 소리부로 可가 쓰여서 이 글자의 발음은 可인 것을 나타냅니다.

『설문해자』의 의의

허신은 이처럼 육서로 한자의 자형을 분석하고 고정된 형식을 활용하여 글자를 풀이했습니다. 한자가 그렇게 구성된 모습을 살펴보는 일은 그 글자의 본의를 파악하는 것과 직결되기 마련입니다. 허신 이래로 육서는 후대에 매우 큰 영향을 미치게 됩니다. 또 허신이 비록 갑골문은 보지 못하고 소전 자형만 보고 글자의 본의를 풀이했기 때문에 간혹 오늘날의 관점으로 보면 그릇된 설명이 있는 경우도 보입니다. 하지만 그로 인해서 『설문해자』의 가치가 없어지는 것은 아닙니다. 오히려 이 책이 존재했기 때문에 학자들은 갑골문 발견 이후 갑골문의 자형을 고석하는 데 도움을 받을 수가 있었습니다. 『설문해자』가 고문자와 금문자를 이어주는 가교 역할을 해준 것이지요. 비록 오류가 몇 군데 보일지라도 허신이 세운 문자 체계와 그의 문자학적 관점을 전체적으로 이해할 필요가 있습니다.

끝으로 한자를 공부하다가 『설문해자』에서는 그 글자를 어떻게 풀이하는지 알고 싶을 때 참고할 만한 사이트를 소개하고자 합니다. 물론 여러 온라인 한자 자전에서 설문해자를 검색할 수 있는데 북경사범대학에서 구축한 디지털 설문해자(數字化『說文解字』, https://szsw.bnu.edu.cn/)는 설문해자만을 전문적으로 다루고 있는 플랫폼입니다. 여기에서는 설문해자에 수록된 한자를 검색할 수도 있고, 허신이 활용한 특정한 형식이나 용어를 기준으로 해서 검색할 수 있습니다.

제7장

한자의
구성요소와 구조

한자의 구성과 필획

여러분이 한자를 바라볼 때 느끼는 특징은 어떤 것이 있을까요? 무언가 한자 하나하나가 복잡하고 어려워 보이나요? 아무리 어려워 보이는 한자라도 면밀히 살펴보면 글자에 일정한 틀이 있습니다. 이번 장에서는 한자는 어떻게 구성되었는지 또 어떤 구조적인 특징을 지니고 있는지 함께 살펴보려고 합니다.

아마도 여러분이 초등학생 때 한문 공책을 사서 한자를 써본적이 있을 겁니다. 종이가 네모 칸의 모양으로 되어있어서 한 글자 한 글자씩 연필로 꾹꾹 한자를 눌러썼습니다. 중국에서는 한자를 네모꼴의 정방형 모양인 글자라고 해서 '팡콰이쯔(方块字)'라고 설명합니다. 어떤 한자든지 모두 네모 틀을 벗어나지 않습니다. 이 틀 안에 한 글자씩 쓰여 있습니다.

가장 쉬운 한자를 예로 들어 '一(한 일)'자를 살펴보겠습니다. 왼쪽에서 오른쪽으로 가로로 획을 그어서 '一'을 씁니다. '人(사람인)'자는 어떨까요? 왼쪽 위에서 아래로 한 번, 우측 위에서 아래로 한 번 획을 그어서 씁니다. 이처럼 한자를 구성하는 가장 작은 단위를 '필획(筆劃)'이라고 합니다. '一'은 1획, '人'은 2획으로 구성된 것처럼 한자마다 쓰인 필획의 횟수가 있는데 그걸 '필획수'라고 합니다. 적게는 한 획에서 많게는 64획인 글자도 있습니다. '龘龘(수다스러울 절)'자의 경우 네 개의 '龍'자로 구성되어서 쓰려면 시간이 오래 걸립니다. 만약 한자의 필획이 너무 적으면 글자와 글자를 구별하기 힘들 테고 필획수가 너무 많으면 글자를 익히고 사용하기에 매우 불편할 것입니다. 그래서 연구에 의하면 중국에서 사용하는 현대한어 통용자의 경우 9획인 글자가 가장 많고, 번체자가 많이 수록된 『사해(辭海)』와 같은 사전의 경우 12획의 글자가 가장 많다고 합니다. 우리가 사용하는 한자는 대략 9회에서 12획 사이임을 알 수 있습니다.

　필획의 종류를 한 번 살펴볼까요? 기본적으로 一가로획, ㅣ세로획, ㇒삐침, 丶점, ㇏파임과 같이 몇 가지 유형으로 나뉘고 더 추가하면 갈고리와 같은 모양의 ㅣ, 꺽는 모양인 ㄱ와 같은 필획이 있습니다. 선조들은 어떻게 한자 쓰는 연습을 했을까요? 서예에서 '영자팔법(永字八法)'[1]이란 용어가 있습니다. 한자를 쓰는 여덟 가지의 중요한 방식이 '永'자 안에 다 담겨 있다고 해서 나온 것인데 '永'자를 잘 연마해서 한자의 쓰는 방식을 터득하곤 했습니다.

1　출처: 두산백과 https://terms.naver.com/entry.naver?docId=1127393&cid=40942&categoryId=33071

한자학개요

영자팔법
| 영(永)자에 담긴 서예의 기본 8가지 운필 방법

1. 측(점)
2. 늑(가로 그음)
5. 책(주켜 올림)
7. 탁(짧게 삐침)
6. 약(삐침)
8. 책(파임)
3. 노 (내려 그음)
4. 적(갈고리)
ⓒdoopedia.co.kr

영자팔법

　필획이 조합하는 양상을 살펴보면 '二', '八'과 같이 떨어져서 쓰기도 하고 '丁'과 같이 붙여서 쓰기도 하며, '十'처럼 교차해서 쓰기도 합니다. 필획이 조합하는 모양에 따라 한자의 자형이나 뜻이 달라지기 때문에 주의해서 써야 합니다. 일례로 자형이 유사한 甲(첫째 천간 갑), 田(밭 전)자의 경우 획이 조금 길게 나온 것은 甲자가 되고, 나오지 않은 것은 田자가 되기 때문에 구별해서 써야 합니다.

필순

처음 한자를 쓸 때 어떤 순서대로 써야 하는지 헷갈릴 때가 있습니다. 한자를 쓰는 필획의 순서를 필순 또는 획순이라고 하는데 여기에는 몇 가지 원칙이 있습니다. 첫째, 왼쪽에서 오른쪽으로 씁니다. 가로획을 쓸 때 왼쪽에서 오른쪽으로 쓰며 좌우구조의 한자인 '明'자와 같은 한자를 쓸 때도 먼저 왼쪽의 '日'을 쓰고 그 다음 오른쪽의 '月'을 씁니다. 둘째, 위에서 아래로 씁니다. 세로획을 쓸 때 위에서 아래 방향으로 쓰며 '李'자와 같은 상하구조의 한자를 쓸 때도 먼저 위의 '木'을 쓰고 아래 '子'를 씁니다. 셋째, 가로획과 세로획이 교차될 때는 가로획을 먼저 씁니다. '十'자의 경우 가로획을 먼저 쓰고 세로획을 씁니다. 넷째, 삐침과 파임을 쓸 경우 삐침을 먼저 씁니다. '人'자를 쓸 때 먼저 왼쪽의 삐침인 丿을 쓰고 우측의 파임인 乀를 씁니다. 다섯째, 좌우의 모양이 같을 때는 가운데를 먼저 씁니다. '小'자를 쓸 때 가운데 세로획을 먼저 쓰고 좌우의 점을 찍습니다. 여섯째, 안쪽과 바깥쪽이 있을 때 바깥쪽을 먼저 씁니다. '國'자와 같은 글자를 쓸 때 바깥의 '口' 부분을 먼저 쓰는 것입니다.

선조들은 오랫동안 붓으로 한자를 쓰면서 어떻게 하면 자형을 균형 있고 아름답게 쓸지 고민하다가 위와 같은 필순의 몇 가지 규칙을 고안해 냈습니다. 우리도 한자를 처음 배울 때 자전을 통해서 필순을 익히거나 혹은 온라인 한자자전에서 필순을 검색할 수 있습니다. 필순에 따라 쓰면 한자를 좀 더 빠르고 아름답게 쓸 수 있습니다.

©2020.(e-hanja)

네이버 한자사전에서 聽자의 필순 예시

언어를 배울 때 예전에는 '말하기, 듣기, 읽기, 쓰기(寫)'였다면 지금은 '말하기, 듣기, 읽기, 입력하기(打)'가 되었다는 말이 있습니다. 언어환경이 디지털 환경으로 급변하면서 휴대폰이나 컴퓨터에 글자를 입력하는 경우가 손으로 글자를 쓰는 경우보다 많아졌습니다. 비록 한자를 직접 쓰는 일은 적어졌을지라도 처음 한자를 익힐 때는 필순에 따라 쓰는 연습이 필요합니다.

편방의 의미와 활용

한자를 구성하는 가장 작은 요소가 필획이라면 이번에는 그보다 큰 단위인 '편방(偏旁)'에 대해서 알아보겠습니다. 편방은 전통적으로 사용해온 용어로 형성자나 회의자를 구성하는 각각의 요소를 뜻합니다. 예를 들어서 '詞'자는 '言'편방과 '司'편방으로 이루어진 글자이며, '好'자는 '女'편방과 '子'편방으로 이루어진 글자입니다. 좌우, 상하에 상관없이 그 글자를 구성하는 부분을 편방이라고 칭합니다. 그럼 여기에서 '詞'자는 부수(部首)가 '言'부이고, '好'자는 '女'부에 속한다고 말할 수 있습니다. 부수와 편방은 어떤 차이가 있을까요? 부수란 자전에서 한자를 정리하고 배열하기 위한 한 가지 방법입니다. 『설문해자』를 저술한 허신이 540개의 부수를 처음 세우면서 생겨난 방식입니다. 여러 한자 중에서 공통적으로 보이는 같은 편방을 한자의 분류 기준으로 사용하는데, 예를 들어서 '言'자가 공통으로 들어가는 한자는 모두 '言'부수 아래 속하게 하는 것이지요. 그래서 자전에서 한자를 찾을 때 먼저 찾고자 하는 한자가 속한 부수를 찾고 해당 부수 안에서 그 글자를 찾는 것입니다. 모든 편방이 부수는 아니며 부수는 편방 중에서 검색 기준으로 쓸만한 것을 골라 색인으로 사용하는 자형입니다.

여기에서 유의해야 할 것은 한자의 편방이 정방형 안에서 결합하여 한 글자를 이루는 과정에서 모양에 변화가 생긴다는 점입니다. 예를 들어서 '火'자는 '熱'과 같이 아래에 위치하는 경우 '灬'로 쓰이며 '人'은 '亻'으로, '心'은 '忄', '手'는 '扌'로 쓰입니다. 따라서 부수를 찾을 때 '灬'가 '火'인 것을 염두에 두고 '火'부수에 가서 찾으면 됩니다.

현대한자학에서는 편방과 비슷하면서도 약간은 다른 '부건(部件)'이라는 개념이 등장했습니다. 부건은 본래 기계의 부속품을 뜻하는 말인데 한자를 구성하는 요소를 지칭하는 말로 사용하게 되었습니다. 부건을 단위로 하면 모든 한자에 적용되는 구성단위를 확정할 수 있고 구체적으로 한자의 구성을 설명하는 게 가능합니다. 예를 들어 편방의 개념으로 보면 '謝'는 '言'편방과 '射' 편방으로 이루어졌습니다. 그런데 이를 다시 부건의 개념으로 설명하면 '謝'는 '言', '身', '寸' 세 개의 부건으로 이루어진 글자입니다. '謝'와 같이 두 개 이상의 부건으로 이루어진 글자를 합체자, '言', '人', '口', '水'자와 같이 한 개의 부건으로 이루어진 글자를 독체자라고 합니다.

2009년에 중국 교육부에서 반포한 '현대상용자부건 및 부건명칭규범(現代常用字部件及部件名稱規範)'[2]에는 514개의 부건을 수록하였는데 부건은 중국에서 한자 교육에도 많이 활용될 뿐만 아니라 부건을 활용한 한자 검색[3] 등 컴퓨터 정보처리 분야에서도 활용되고 있습니다.

部件	序号	组号	部件名称	例字
卬	1	1	卬 (áng) /昂 (áng) 字底	仰昂迎
凹	2	2	凹 (āo)	凹
敖	3	3	敖 (áo) 字旁	傲熬赘
奥	4	4	奥 (ào) 字头	奥澳慎粤
八	5	5	八 (bā)	叭分只俊
⺍	6	5	倒八 (dàobā)	兑尊幸屏
巴	7	6	巴 (bā)	吧爸疤爬
白	8	7	白 (bái)	柏皂貌
百	9	8	百 (bǎi)	陌宿
丰	10	9	拜 (bài) 字边	拜
办	11	10	办 (bàn)	协苏
半	12	11	半 (bàn)	判叛伴衅
宀	13	12	宝盖 (bǎogài)	安牢蓉蛇
卑	14	13	卑 (bēi)	碑牌
贝	15	14	贝 (bèi)	坝员婴赢
卉	16	15	贲 (bēn) 字腰	愤喷
本	17	16	本 (běn)	体笨
丌	18	17	鼻 (bí) 字底	鼻痹
匕	19	18	匕 (bǐ)	北此它化

중국 '현대상용자부건 및 부건명칭규범' 일부

---

2   https://yywz.sumhs.edu.cn/95/d1/c4704a169425/page.htm
3   https://www.zdic.net/zd/hanseeker/

한자학개요

部件檢索

'漢典' 온라인 한자 자전에서 부건을 활용한 한자 검색

부건을 활용한 검색을 살펴보면 먼저 내가 찾고자 하는 한자가 '口'와 '木'으로 이루어졌을 경우 해당 부건을 입력하면 그 부건들로 구성된 한자들이 나타납니다. 제시된 한자 중에서 내가 원하는 것을 선택하는 방식입니다. 네이버 한자사전의 모양자 검색도 한자의 구성요소를 활용한 검색법이라고 할 수 있습니다. 한자를 발음으로 찾는 방식도 있지만 음을 모르는 경우 이렇게 자형에 입각한 검색 방식이 많이 활용되고 있습니다.

네이버 모양자 검색 　　　　　　　　　　　네이버 모양자 검색 결과

한자의 구조

마지막으로 한자의 전체적인 구조를 살펴보겠습니다. 한자는 정방형의 네모꼴 모양을 하고 있는데 주어진 공간 안에서 각 요소들이 균형 있게 배치되어 있습니다. 예를 들어 합체자인 '漢'과 '字'는 어떤 방식으로 결합했을까요? '漢'은 좌우 구조이고 '字'는 상하 구조로 결합했습니다. 합체자는 두 개 또는 두 개 이상의 부건이 결합하는데 이렇게 합체자의 결합 양상을 몇 가지 평면 구조로 추려낼 수 있습니다. 이것들을 정리한 것이 유니코드의

IDC(Ideographic Description Character)이며 내용을 살펴보면 다음과 같습니다.[4]

- ☐: 좌우 구조 Ideographic Description Character Left to Right
  信, 林

- ☐: 상하 구조 Ideographic Description Character Above to Below
  李, 花

- ☐: 좌중우 구조 Ideographic Description Character Left to Middle
  and Right
  班, 街

- ☐: 상중하 구조 Ideographic Description Character Above to
  Middle and Below
  器, 曼

- ☐: 완전 포위 구조 Ideographic Description Character Full
  Surround
  回, 國

- ☐: 좌상우 포위 구조 Ideographic Description Character Surround
  from Above
  門, 開

---

4   https://www.unicode.org/versions/Unicode15.0.0/ch18.pdf

⬚: 좌하우 포위 구조 Ideographic Description Character Surround from Below
凶, 函

⬚: 좌상하 포위 구조 Ideographic Description Character Surround from Left
匡, 匣

⬚: 좌상면 포위 구조 Ideographic Description Character Surround from Lower Right
居, 虎

⬚: 우상면 포위 구조 Ideographic description character surround from upper right
句, 可

⬚: 좌하면 포위 구조 Ideographic Description Character Surround from Lower Left
道, 這

⬚: 겹침 구조 Ideographic Description Character Overlaid
承, 巫

한자의 결합구조 중에서 좌우구조가 가장 많은 부분을 차지하고 그 다음이 상하구조입니다. 때문에 평소 우리가 보는 한자 중에서 '淸'과 같이 좌우구조인 한자가 가장 많습니다. 정방형의 틀 안에서 심미적으로 가장 안정적인 결합 형식이어서 그런 것으로 보입니다.

지금까지 필획과 편방, 부수, 부건 등에 대해서 살펴보았습니다. 한자는 여타 문자와 달리 자형의 구성요소와 구조가 의미에도 영향을 미치기 때문에 이것들을 이해할 필요가 있습니다. 알파벳이나 한글과 같은 음소문자(音素文字)는 자형적인 측면에서 음소가 특별히 어떤 뜻을 나타내지 않으나 한자는 자형에서 뜻이 드러납니다. 한자는 얼핏보면 모두 다른 글자인 것 같지만 일정한 규칙이 있으며 체계성을 지니고 있습니다.

제8장

간화자의 탄생과
한자의 정리

중국 간화자 탄생의 배경

중국 여행을 가면 공항에 도착하자마자 우리가 쓰는 한자 자형과 비슷하긴 한데 알 듯 말 듯 한 한자가 눈에 띕니다. 국제공항을 의미하는 '国际机场'이지요. 우리가 익히 알고 있는 '國際機場'과 자형상의 차이가 있습니다. 중국에서는 이렇게 공식규범문자로 간화자(簡化字)를 사용하고 있습니다. 본장에서는 중국에서 간화자가 어떻게 생겨났으며 원활한 문자생활을 위해서 한자를 어떻게 정리해나갔는지 살펴보려고 합니다.

우리가 한자를 어렵게 생각하는 것처럼 중국인들에게도 한자는 매우 어려운 학습 대상입니다. 특히 교육이 보급되기 이전에는 중국의 문맹률이 매우 높아 거의 대다수의 일반 사람은 한자를 알지 못했습니다. 한자는 필획이 복잡하고 수량이 너무 많아서 대중이 익히기에 어려웠습니다.

1949년 신중국 수립 이후 국가 발전을 위해서 중국은 문자 개혁이 절실히 필요하게 됩니다. 이에 따라 한자의 필획을 간소화하고 한자를 정리해서 익혀야 할 한자의 수량을 줄이는 노력을 기울입니다. 물론 그 이전에도 간소화된 자형이 쓰이지 않았던 것은 아닙니다. '속자(俗字)', '속체자(俗體字)', '간체자(簡體字)' 등으로 불리면서 민간에서는 장부나 서신 등에 두루 사용되었습니다. 다만 '정자(正字)' 즉 국가에서 공인한 규범자의 지위는 얻지 못하고 민간에서만 사용하던 글자였습니다. 시대나 지역마다 정자의 기준은 바뀌기도 합니다. 시대별로 어느 시기에는 정자였던 자형이 후대에는 속자가 되기도 하고, 또 속자였던 자형이 여러 사람에 의해 두루 쓰이면서 정착되어 정자의 지위에 오르기도 합니다. 신중국에서는 이렇게 민간에서 두루 쓰였던 간화자에 정자의 지위를 부여해서 사람들이 문맹에서 벗어나 지식을 습득할 수 있도록 문자를 개혁했습니다.

근현대 시기 서구 열강의 충격을 겪으면서 중국의 지식인들은 자신들이 나약하고 병든 원인이 한자 때문이라고 생각했습니다. 그래서 한자를 없애고 알파벳을 이용한 병음문자로 쓰자는 주장까지 나옵니다. 익히기 어려운 한자를 쉽게 만들어서 교육의 보급을 원활하게 하려고 당시 지식인들은 속자 사용을 주장했습니다. 다만 이 시기는 정부가 주도한 것이 아닌 민간 차원에서 일어난 간화 운동이었습니다.

1949년 신중국 수립 이후 중국은 본격적으로 국가 차원에서 정부 주도하에 한자의 간화 작업을 진행했습니다. 1954년에 『한자간화방안초안(漢字簡化方案草案)』을 만들고 수정과 논의를 거쳐서 1956년 『한자간화방안(漢字簡化方案)』을 제정했습니다. 다시 수 차례에 걸쳐서 간화자를 정리하고 수정한 후 1964년에 중국문자 개혁위원회는 『간화자총표(簡化字總表)』를 만들었고, 마지막으로 1986년 개별 글자를 조정해서 2,235자의 『간화자총표』를 제정했 습니다. 이렇게 중국에서는 한자를 간화하는 방향으로 발전했기 때문에 현재 우리나라에서 사용하는 전통적인 한자 자형과는 차 이가 생기게 됩니다.

간화의 방식

그럼 간화의 방식은 어떤 것이 있는지 함께 살펴보겠습니다.

1. 글자의 일부분을 생략하는 방식입니다. 예를 들어 '號'에서 우측 편방은 생략하고 '号'만 남긴다거나 '開'에서 '門'은 생략하고 '开'만 남기는 방식입니다.

2. 옛 자형을 그대로 채용하는 방법입니다. 예를 들어 '云(雲)', '从(從)', '电(電)'자와 같이 본래 구름 '雲'자의 자형은 하늘에 떠다 니는 구름의 모습을 그린 '云'자이고 후에 날씨와 관련된 한자는 '雨'자를 편방으로 추가하면서 지금의 '雲'이 되었습니다. '從'자

역시 본래는 두 사람이 걸어가는 것을 뜻하는 '从'자로 쓰였었습니다. 이렇게 후대에 만들어진 복잡한 자형 대신 본래의 자형으로 회귀해서 보다 간략한 자형을 택했습니다.

3. 초서체에서 따온 것입니다. '书(書)', '为(爲)'와 같은 자형들은 초서체에서 빠르게 흘려 쓰면서 자연스럽게 '书', '为'로 간략화된 것인데 그것을 해서로 쓴 것입니다.

4. 복잡한 편방을 기호화한 것입니다. '鸡(鷄)'의 경우 왼쪽 편방을 간략하게 '又'로 대체하였으며, '汉(漢)' 역시 오른쪽 편방을 간략한 기호인 '又'로 대체하였습니다.

5. 필획이 적은 동음자로 대체하는 것입니다. '后(後)'와 같이 발음이 같은 한자는 좀 더 간략한 글자를 택하여 본래 황후라는 뜻의 한자도 '后'로 쓰고 뒤를 가리키는 '後'도 '后'로 대체했습니다.

6. 형성자를 좀 더 쉬운 글자로 대체하는 방법입니다. '护(護)'와 같이 '지키다, 보호하다'는 의미와 '호'라는 발음을 나타내기 위해 형부인 '扌(手)'와 성부 '戶'로 대체했습니다.

7. 자형의 전체적인 윤곽만을 취한 것입니다. 龟(龜), 仓(倉)을 살펴보면 전체적인 윤곽은 유지하면서 세부적인 필획은 생략했습니다.

8. 새로운 회의자를 만드는 것입니다. '尘(塵)'은 먼지를 뜻하는

데 '小'와 '土'를 결합하여 작은 흙먼지를 나타냈습니다. '泪(淚)'는 눈물을 뜻하는데 '目(눈 목)'자를 써서 눈에서 흐르는 물이라는 뜻을 나타냈습니다.

이처럼 한자의 간화가 있는 반면 번화(繁化)도 있습니다. 예를 들어 한자의 뜻을 명확하게 하려고 편방을 추가하는 경우가 그렇습니다. 하지만 한자의 자형 발전에서 간화가 전반적인 추세입니다.

중국에는 '약정속성(約定俗成)'이라는 말이 있습니다. 사물의 명칭 또는 사회의 관습이 오랜 세월에 걸쳐 일반화되어 인정되는 것을 뜻합니다. 이처럼 언어나 문자 역시 사회적으로 관습이나 약속을 통해서 사용됩니다. 『한자간화방안』 제정 이전에 이미 사용된 간략한 자형들을 많이 수용했고 점진적으로 수정과 논의를 거쳐 간화자를 제정했습니다. 물론 분야에 따라 간화자를 쓰지 않아도 되는 경우가 있습니다. 고대 서적이나 문물에 관한 글, 예술작품이나 휘호 등의 특수한 경우에는 번체자의 사용을 허용하고 있습니다.

한자 사용의 제한

한자의 간화 외에도 글자수를 줄이는 작업이 필요했습니다. 특히 이체자의 정리가 필요했는데 이체자란 글자의 음과 뜻은 같지만 자형이 다른 글자를 말합니다. 이체자가 너무 많으면 학습에 어려움을 초래하고 소통에 영향을 미치기 때문에 한 글자를 정자, 즉 규범자형으로 삼고 다른 것은 사용하지 않는 방향으로 정리가 필요했습니다. 예를 들어 '羣'과 '羣' 두 자형이 모두 '무리'를 가리키는 뜻으로 사용되었는데 중국에서는 '羣'자를 규범 자형으로 삼았습니다. 이러한 일련의 한자를 정리하는 과정을 한자의 규범화라고 할 수 있습니다. 그럼 중국에서 한자의 규범화가 어떤 식으로 진행되었는지 주요 한자표를 통해 살펴보겠습니다.

1986년 『간화자총표』 제정 이후에 그에 기반하여 1988년에는 『현대한어상용자표(現代漢語常用字表)』와 『현대한어통용자표(現代漢語通用字表)』를 제정하였고, 그로부터 20여년이 지난 후 현대 중국 사회의 문자 사용 양상을 반영하고 각계의 의견을 수렴해서 2013년 『통용규범한자표(通用規範漢字表)』를 제정합니다. 더 나아가 최근 2021년에는 『고적인쇄통용자규범자형표(古籍印刷通用字規範字形表)』를 만들었습니다.

『현대한어상용자표』는 총 3,500자의 상용자를 수록한 것으로 그중에서 상용자가 2,500자, 차상용자가 1,000자를 차지합니다. 상용자란 일상생활에서 자주 사용되는 글자로 사용 빈도가 높은 글자를 뜻합니다. 실제 역대 자전에 실린 한자의 수량은 많게는 8만여 자에 이르지만 이체자나 역대로 출현했던 자형을 수록해서 글자수가 많은 것이며, 학생들이 이 많은 한자를 습득하기란 불가능한 일입니다. 중국은 통계를 기반으로 상용자표를 제정함으로써 교육용 한자로 사용할 수 있게 하였습니다. 따라서 초등학생과 중학생 시기에 약 3,500자를 습득하게 됩니다.

한자의 빈도 통계를 통해서 얻은 규율 중에서 '한자효용체감율(漢字效用遞減率)'이란 것이 있습니다. 통계에 의하면 실제 사용 빈도가 가장 높은 1,000자가 전체 한자에서 약 90%를 차지하고, 2,400자가 전체 중에 99%, 3,800자가 99.9%를 차지합니다. 한자의 사용 빈도가 낮은 글자들은 그 효용성이 점점 줄어든다는 의미입니다. 이는 즉 우리가 한자를 익힐 때 고빈도의 한자를 익히는 것이 유리하다는 점을 알려줍니다. 독해 과정에서 만약 모르는 한자가 나오면 사전을 찾아보면 되는 것입니다. 그래서 중국에서는 초중등 시기에 약 3,500자를 익히도록 교육하고 있으며 이 정도 글자를 익히면 책에서 나오는 한자의 대부분이 아는 글자입니다. 참고로 우리나라는 교육용 한자로 1,800자를 제시하고 있으며 대만의 상용한자는 4,808자입니다.

『현대한어통용자표』는 총 7,000자를 수록하고 있으며 여기에는 상용자 3,500자가 포함되어 있습니다. 통용자는 사회에서 일반적으로 사용하는 글자를 뜻합니다. 출판 인쇄나 사전 편찬, 컴퓨터 정보처리에서 활용되는 글자입니다.

1988년 상용자표와 통용자표를 제정한 이래 사회적으로 변화가 컸기 때문에 현대 중국의 문자생활을 반영해 2013년에는 국가언어문자공작위원회와 교육부에서 『통용규범한자표』를 공동 발표합니다. 이 표에서는 총 8,105자를 상용 빈도에 따라 3개 등급표에 나누어 수록하였습니다. 1급자표는 3,500자로 기초 교육, 문화보급용 한자이며, 2급자표는 3,000자로 출판 인쇄, 서적 편찬, 정보처리용 한자입니다. 3급자표는 1,605자로 인명, 지명, 과학기술, 교과서 문언문(文言文)용 한자입니다. 이 표는 사람들의 문자생활을 반영하여 한자의 통용성과 규범성을 고려하여 선정하였으며 사회 각 분야의 필요를 충족시키고 있습니다.

『통용규범한자표』에 간화자가 포함되었다면 중국에서는 고적의 출판 인쇄를 위한 번체자의 정리도 필요했습니다. 그래서 2021년에는 『고적인쇄통용자규범자형표(古籍印刷通用字規範字形表)』

를 제정하고 여기에 총 14,250자를 수록하였습니다. 고적인쇄 통용자의 자형과 자음, 유니코드를 함께 수록하여 특정한 고적 출판 분야와 번체자 서적 인쇄에 활용하도록 하고 있습니다.

　이러한 한자표는 향후 필요에 따라 조정될 수 있다는 개방적인 태도를 취하고 있습니다. 만약 일정한 규범이나 표준이 없다면 문자생활이 매우 혼란스럽고 많은 어려움을 초래할 것입니다. 따라서 현대 중국의 문자 생활을 위해서라도 한자의 정리는 매우 필요한 작업입니다.

　언어적인 측면에서 중국은 표준어인 '보통화(普通話)'를 사용할 것을 강조하고 문자적인 측면에서는 '규범자'를 사용하도록 합니다. 중국은 민족이 다양하고 방언이 많은 나라여서 이렇게 규범적인 표준을 만들어 언어문자를 개혁하고 교육과 일상생활에 활용하고 있습니다.

제9장

한자학과 연구 영역

지금 이 강의를 진행하면서 한자와 관련된 몇 가지 용어를 써 왔습니다. 제가 대학 다닐 때 학부 교육과정에도 '중국 문자학'혹 은 '문자학강좌'라는 게 있었고, 전공 명칭을 얘기할 때도 문자학 전공이라는 용어를 사용하기도 합니다. 그런데 이런 명칭이 실제 대상과 잘 부합하는 적절한 용어일까요?

한자학이라는 명칭

인간의 지식을 표현하는 방법을 생각해보게 됩니다. 지식은 어 떤 개념들로 표현되고, 개념은 어떤 지시 대상을 규정짓는 특성이 있습니다. 지시 대상과 개념을 우리가 밖으로 표현해 낼 때, 그것 이 우리는 어휘를 이용합니다. 이 어휘가 우리가 표현하고자하는 개념 혹은 지식 대상과 일치하는가는 명과 실의 문제입니다.

우리가 지금까지 공부했던 것 중에 갑골문이라고 하는 것은 지 시 대상이 분명히 있고 그 지시 대상이 갑골문의 어떤 특성들을 가지고 있으며, 그 특성들 중에서 일부 특징을 골라내어서 우리가 갑골문이라고 부르게 되었습니다. 고문(古文)과 금문(今文)을 나 눌 때의 기준은 중국 한 나라 사람이 보았을 때 한 나라 이전에 문은 고문이고, 한나라 사람들이 지금 쓰고 있는 것은 금문이었습니다. 물론 고문과 금문이란 용어의 기준점을 달리하면 근대 이전에 시기에 있었던 것들을 다 고문이라고 하고 현재 우리가 쓰고 있는 것을 금문 혹은 현대문이라고 할 수 있습니다. 따라서 기호와 언어라고 하는 것이 바로 우리가 얘기하고 있는 개념이나 지시 대상과 일치할 때 가장 좋은 명칭이며, 그렇지 않을 경우 혼란을 야기하기도 합니다. 혼란스러워지면 혼란을 방지하기 위해 기호와 명칭을 수정하게 됩니다. 조금 더 정리해서 말씀드리면 어떤 대상에 이름이 붙었을 때 그 이름이 과연 실제와 어느 정도 가까운가를 따져서 우리는 그것이 가까울 때 명과 실이 서로 부합한다고 하는 명실상부라는 말을 쓰고, 그것들이 일치하지 않을 때 명과 실이 일치하지 않는다고 얘기합니다.

우리가 지금까지 얘기했던 문자의 필요성부터 한자의 속성, 간화자까지 이 모든 것을 포함하는 학문의 영역을 뭐라고 부르면 좋을지 오랫동안 사람들은 고민했습니다.

동아시아 사람들은 서양 사람들이 들어오기 이전부터 스스로의 학문에 대해서 명을 부여하는 것을 즐겨했습니다. 설문에 관련된 공부는 설문학, 어떤 것을 밝히고 그걸 증명해내는 작업을 할 때는 고증학, 왕양명이 얘기했던 것은 양명학, 성과 리에 대해서 얘기했던 성리학이라고 얘기했던 것처럼 자기들이 쓰고 있는 설문해자의 '문'과 '자'에 대해서 공부하는 것은 문자학이라고 불렀습니다.

문과 자에 관한 이야기는 『설문해자(說文解字)』에서 그 실마리를 찾을 수 있습니다. 이 서명을 풀이하면 문(文)을 설명(說)한다, 자(字)를 풀이한다(解)입니다. 이때 자는 문과 문의 결합체입니다. 자를 소의 뿔을 잘라내듯이 하나하나 분석해 보자는 뜻이 해자입니다. 곧 '자'라고 하는 것을 '문'까지 분해해 보면 그 둘을 설명할 수 있을 거라는 생각에서 이 서명이 사용되었음을 알 수 있습니다. 동아시아에서 한자를 사용했던 사람들은 '문'과 '자'가 한자의 전부라고 생각했던 것입니다. 문은 더 이상 쪼갤 수 없는 의미를 가진 최소의 단위이고, 자는 문과 문이 만나서 만들어지는 것이니, 지금의 분류로 하면 독체자와 합체자를 문과 자로 불렀던 것입니다. 그러니 이 둘을 합친 '문자'라는 용어는 결국 모든 한자를 말하는 것입니다.

그런데 근대 시기에 서양에서 여러 가지 과학 이론뿐 아니라 다양한 학술 용어가 수입되면서 서양의 'character'를 어떻게 번역해야 될까 고민하게 됩니다. 서양에서는 용어에 대한 것들을 굉장히 중요하게 생각했습니다. 특히 언어학의 용어를 중요하게 생각했기 때문에 philology(고대언어학), Etymology(어원학), palaeography(고문자학) 혹은hieroglyph(상형문자학)와 같은 말을 썼던 것입니다. 그런데 동양에서는 그런 말을 만들 필요가 없었습니다. 우리는 그냥 문자니까 문자로 통칭하면 됐던 것입니다. 결국 서양의 문자도 글을 쓰는 도구이니, 우리의 문자와 같은 거라고 생각했고 지금까지 문자라는 용어를 여기에도 사용하게 됩니다. 한자의 구성 방식 혹은 한자를 대신하는 용어인 '문자'가 모든 언어의 표기수단을 칭하는 용어로 변하였습니다.

그러니 문자라는 것은 다양한 언어에서 사용되는 모든 보편적인 쓰기와 기록의 도구를 총칭하는 용어로 변하였고, 이를 연구하는 문자학이라는 것 또한 전 세계 언어에 사용되는 다양한 문자를 연구하는 것을 말하게 되었습니다. 문자란 원래 한자였는데, 용어의 개념과 범위가 달라졌습니다.

중국의 연구 성과 중에서 가장 중요하게 보는 연구 성과 하나가 구석규라는 분의 『문자학 개요』라는 책입니다. 1988년에 나온 구석규 선생님의 문자학개요는 중국뿐만 아니라 동아시아 전반 그리고 서양 학자들조차도 정말 위대한 걸작이라고 칭찬을 합니다. 문자학 개요니까 당연히 전 세계의 모든 문자를 다뤘을 것이라고 생각하지만 실제 이 책은 한자만 얘기합니다. 명칭이 안 맞는 거죠.

이런 문제가 끊임없이 제기가 되면서 나중에 당란을 비롯해 몇 명의 연구자가 『중국문자학』이란 말을 사용합니다. 당란은 한자의 사용은 서양인의 관점에서 결코 이해할 수 없는 특이한 학문이기 때문에 우리는 중국 문자라는 명칭 이외에 다른 명칭을 사용할 수 없고, 더 이상 서양을 좇아가지 않겠다고 합니다. 그는 『고문자학 도론』이라는 책에서 "민국 시기 이래로 형성된 문자학이라는 용어는 실제적으로 한자의 형음의를 모두 포함하는 듯하나 형체를 주 연구 대상으로 삼기 때문에 고문자학이라고 해야 된다. 중국 문자학은 원래 자형학이며 훈고학이나 성운학을 포함하고 있지 않다."고 언급했습니다. 당시 사람들에게는 문자학, 중국 문자학, 고문자학 등 각각의 견해들 중 어떤 것을 선택할 것인가가 매우 중요한 문제였습니다.

그런데 이 또한 충분치 않습니다. 중국 문자학이라고 할 때, 중국 문자는 곧 한자일까요? 그렇지 않습니다. 중국인들은 현재 중국의 땅에 속해 있는 모든 민족은 중국의 민족이며, 그 문화는 중국 문화의 일부입니다. 마찬가지로 현재는 중국의 땅이지만 과거에는 이민족이었던 거란의 문자나 여진 문자, 혹은 한자와는 전혀 다른 문자였던 측천 문자, 상형문자의 틀을 여전히 유지하는 동파문자 등도 역사로 볼 때 여전히 중국의 여러 문자에 속합니다. 그러다 보니까 중국 문자학이라고 하면 이 안에는 한자뿐 아니라 이외에도 다양한 문자체계가 다 포함됩니다. 그런데 실제 당란의 『중국문자학』은 한자만을 대상으로 하고 있습니다.

후대 사람들은 이를 인식했습니다. 따라서 한자를 연구하는 학문을 지칭하는 용어는 문자학도 적합한 용어가 아니고, 중국 문자도 적합한 용어가 아니므로 '한자학'이라고 해야 한다는 주장이 등장합니다.

왕봉양은 "소학이라는 명칭은 문자과학의 실질을 정확하게 반영할 수 없다. 실제 문자학이라는 명칭 또한 많이 사용되고는 있으나, 자세히 따져본다면 역시 적확한 명칭이라고는 할 수 없다. 문자라는 명칭은 대분류의 명칭일 뿐이며, 이 명칭은 한자뿐 아니라, 고금과 동서의 모든 문자를 포함할 수 있는 명칭이다. 중국인의 입장에서 말한다면, 한자는 당연히 문자라고 말할 수 있기 때문에, 우리들의 대부분이 서적에서 문자라고 말하는 것들은 한자를 가리키고 있는 것으로, 이는 중국인의 습관적인 언어습관에서 성립된 단어일 뿐이다. 그러나, 이름과 실제가 서로 부합해야 한다는 측면에서 볼 때, 한자라고 이름해야 함이 더욱 타당하다. 이 용어의 사용을 통해 이집트문자나 마야문자 등, 중국 내의 몽고문자나 우루무치 문자 등과 정확한 구별이 가능해지는 것이다. 중국의 문자학은 보통문자학이 아니며, 비교문자학도 아니다. 또한 중국내의 각 민족이 사용하는 문자학도 아니다. 더 정확한 술어의 사용을 위해서라도 한자학이라는 명칭을 사용함이 가장 좋다."고 하였습니다. 그래서 한자학은 한자를 연구 대상으로 하는 학문이라고 정의합니다. 곧 한자학이란 한자의 구조, 성질, 생성, 발전 규칙을 연구하는 학문입니다.

한편 이외에도 어언문자학이라는 용어가 등장하기도 합니다.

청나라 말기 장태염은 1906년에 「어언문자학을 논한다」에서 '소학(小學)'에 관해 말합니다. 역사적으로 볼 때 소학이라는 용어는 크게 세 가지로 나타납니다. 하나는 대학에 반대되는 것, 다시 말해서 경전을 배우기 위한 가장 기본적인 학문이라고 할 때의 소학도 있지만 어린아이들이 학교에 들어가서 배우는 것도 소학이라는 어휘를 사용합니다. 또 주희가 지은 책의 이름으로도 사용되죠. 그렇기 때문에 앞으로는 소학이라는 용어를 쓰지 말자, 문자학이라든가 중국 문자학이라는 말을 쓰지 말고 한자학이라는 용어를 사용하자는 주장으로 이어져 정착하게 됩니다. 장태염이 말한 소학은 바로 첫 번째 의미입니다. 곧 중국의 한나라 때 문자, 음운, 훈고를 총칭했던 소학이란 용어인데, 장태염은 소학이란 용어를 버리고 '언어 문자학'이라고 바꾸어야 한다고 말합니다. 언어 문자학이라에서 '언'은 소리 즉 음운에 관련된 연구이며, '어'는 의미, 문자는 형태와 관련된 것입니다. 곧 언어 문자라고 하면 한자의 성음과 훈고와 형태에 관련된 모든 것을 포함하는 용어가 됩니다. 중국어에서는 이를 어언문자학(語言文字學)이라고 합니다. 이 말은 한자의 형음의는 각기 별도로 나뉘어져 분리되어 연구될 수 있는 것이 아니라 삼위일체의 관계로서 탐구해야 한다는 의미입니다. 한자는 형태가 있고 형태 안에는 의미를 담고 있고 의미를 담고 있는 것뿐만 아니라 거기에는 음가적 요소도 가지고 있기 때문입니다. 따라서 음가적인 요소나 의미를 고찰하기 위해서는 형태를 보지 않을 수가 없고, 형태를 이해하기 위해서는 의미를 알아야 하기 때문에 이 세 가지가 분리될 수 없다는 것입니다. 『설문해자』 이후로 이 세 가지를 성운학, 훈고학, 문자학으로 분리하였는데, 그 분리로 인해 상호 연관성을 찾지 못하는 결과가 생기니 다시 소리와 의미, 모양의 세 관점을 상호 보완적으로 살펴야 한다는 주장이었고, 이러한 연구의 걸작으로 청대 때 단옥재의 『설문해자주(說文解字注)』가 출판 됩니다. 단옥재의 『설문해자주』는 한자의 형태에 대한 것만 얘기하지 않습니다. 성운이나 의미에 관한 것들을 모두 같이 논의하고 있습니다. 그래서 『설문해자주』

가 청대 때의 굉장히 중요한 글자 해석의 집대성이라고 부르는 것입니다. 장태염은 어음, 문자, 언어 문자 이런 용어를 사용하고 전통적으로 사용했던 소학이라는 용어는 더 이상 사용하지 말며 삼위일체의 관점에서 한자를 파악하자는 주장을 편 것입니다.

이러한 논의에 따라 현재 중국에서는 문자학이라는 용어를 쓸 때는 전 세계에 있는 모든 보편적 문자의 형태를 이야기하는 것이고, 중국 문자라고 하면 중국 내에 있는 다른 종류의 문자들까지 포함해서 지칭하는 것이며, 한자학만이 한자와 관련된 것을 지칭하는 용어로 규정됩니다.

한편 한자학의 연구 범위에 대한 논의도 있었습니다.

한자의 영어 표기 문제

서양의 문자를 지칭했던 용어 중에 어떤 단어도 중국 문자학이라는 정의에 정확하게 대응되는 학술 용어가 없습니다. 이 말은 우리는 독자적인 우리 단어를 표현할 수 있다는 말입니다. 결국은 character의 한 종류라는 의미로 중국어를 표기하는 문자란 의미로 Chinese character라는 말을 사용합니다. 하지만 한자가 중국어의 문자일까요? 또 서양의 문자와 같은 범위와 내용일까요? 사람들은 이 표현에 대해 의문을 품으면서 한자는 그저 한자일 뿐이라고 규정하게 됩니다. 중국인들은 병음표기로 hanzi라고 표기합니다. 고유의 특수성으로 인해 서양의 영어로 표기할 방법이 없다고 생각한 겁니다. 이런 경우는 쉽게 발견할 수 있습니다. 김치라는 단어를 알파벳으로 kimchi라고 쓰고 한글을 Hangeul이라고 쓰는 것도 거기에 대응하는 단어가 없기 때문입니다. 김치와 한글을 어떻게 번역할 수 있겠습니까. 중국 사람들이 중국 언어에서만 쓴다고 하면 hanzi라고 쓰는 게 당연히 맞습니다. 하지만 이 한자라고 하는 개념 자체가 중국어를 벗어나서 한국어와 일본어와 베트남어에도 쓰였다고 하면 한자의 표기를 중국인의 발음 체계에 국한시켜서는 안됩니다. 그렇다면 일본 사람들은 한자를 칸지라고 부르니까 kanji라고 써도 문제가 없으며, 우리나라 사람들은 한자라고 부르니까 hanja라고 써도 문제되지 않습니다. 공통된 한자를 현재의 각 나라의 발발음으로 주장하면서 공통성보다는 개별성을 강조하게 됩니다. 이로 인해 지칭 대상은 하나인데 명은 여러 개가 되는 상황이 되었습니다. 용어를 통일해 보고자 노력은 하지만 각국의 입장이 있기 때문에 잘 되지는 않습니다. 각 국가의 개별성과 한자의 전통성을 표현하기 위해 중국을 뜻하는 Sino와 결합한 'Sino-Korean', 'Sino-Vietnam', 'Sino-Japanese'라는 표현도 사용하지만, 이 또한 정확하지 않습니다. 중국어의 영향을 받은 'Korean', 중국어의 영향을 받은 'Japanese'이렇게 표현을 하는 것입니다. 그러는 사이 몇몇 학자들은 'HAN'은 중국 한나라를 나타내는 동시에 한자의 한이며, 이는 국가명이니 변화시킬 수 없다고 생각하고 HAN-Character로 사용하자는 의견도 나오며, 한자는 표의 문자이고 그 시작은 중국이니 'sinograph'라고 표현하여야 한다는 의견도 등장합니다. 그런데 어떤 표기가 정확하거나 진실에 가까울까요? 아직 결론이 나지 않았습니다. 다만 국력에 따라 사용 빈도가 변할 뿐입니다.

한자학의 연구 목적

전 세계에서 훈민정음과 18세기부터 20세기에 걸쳐 등장한 에스페란토와 같은 중간 언어의 문자 말고는 어떠한 문자도 누가 언제 어떤 원리로 만들었으며, 어떤 과정을 거쳐 발전했는지 명확히 알 수 없습니다. 우리는 현재에 남겨진 수없이 많은 한자를 대상으로 어떤 이론적 틀을 마련하고 귀납과 정리를 하는 중입니다.

연역과 귀납, 추론 등을 다양한 증거를 통해 시도하여 진실에 가까워지려고 노력할 뿐 진실은 아닙니다. 예컨대 우리는 한자의 부수를 몇 개로 분류하는게 맞을까요? 540개, 214개, 207개 혹은 197개, 어떤 것도 명확하지 않습니다. 한자가 만들어지던 당시 누군가가 처음부터 부수를 정하고 한자를 만들었으면 명확할 수 있겠지만 그렇지 않았기 때문입니다. 오랜 역사 기간 동안 한자 사용자들은 계속 한자를 생산하지만 그들의 생산 방식은 원리나 원칙이 있는 것이 아니라 자신이 정리한 규칙과 원리에 의한 것이었습니다.

그러나보니 현재의 분류와 귀납, 한자에 관련된 여러 이론들은 때때로 논리적이지 않게 됩니다. 예를 들어, 우리가 잘 알고 있는 육서, 즉 상형, 지사, 회의, 형성, 전주, 가차로 모든 한자의 조자 원리를 규정할 수 있을까요?

아내 얻을 취(娶)자는 취할 취(取)자 밑에 여자 여(女)자 있는 글자입니다. 이 글자는 형성자일까요 아니면 회의자일까요? 형성도 되고 회의도 됩니다. 어느 곳에 분류할 수 없습니다. 그래서 우리는 이걸 형성겸회의자라고 합니다.

전주와 가차같은 경우에는 더 복잡해서 전주와 가차가 무엇인지 지금도 논쟁이 이루어집니다.

이처럼 우리는 한자 사용자들이 당시에 사용된 한자를 보고 여러 가지를 추측할 뿐이지 명확한 것은 없습니다. 그러니까 한자학은 지금까지 남겨진 것 한자를 재료로 하여 구조, 성질, 생성, 발전 과정, 발전 규칙을 과학적인 방법으로 정리해보자는 학문입니다. 이렇게 많은 증거 자료들이 있으니 이 증거 자료들을 하나하나 분석하고 분해하다 보면 그 안에 일정한 규칙성이 드러나고 일정한 특성을 우리가 발견할 수 있겠지라고 하는 것이지 이 모든 것들이 진실은 아닙니다. 이론은 그저 확신에 가까운 주장일 뿐입니다.

물론 현재 한자학을 하는 이유는 어떤 분들은 한자의 원래 모양이 어땠고, 자형이 어떻게 변했고 음과 자의가 어떻게 변했고 하지만 그것만 해놓고 그게 무슨 의미가 있겠냐는 생각을 할 수 있습니다. 그건 몰라도 관계가 없습니다. 다시 말해, 한자학은 한자의 본래 형태와 음과 의미가 무엇이었고 한자의 구성 원리와 변천 과정을 밝히는 게 최대의 목적이 아닙니다.

이것들을 통해서 궁극적으로 하고 싶은 건 한자의 형음의를 밝혀 한문고서의 해석에 도움이 되고자하는 간접적인 목적을 가지고 있습니다. 다양한 한문 전적들을 정확하게 해석하고 이해하는 데 한자학 지식은 큰 도움이 됩니다. 이미 여러 번 들어봤던 설문해자 저술의 직접 목적 또한 한자를 정리하는 것이 아니라 바른 경전해석을 위함이었습니다. 허신은 옛날 글자로 쓰여져 있는 경서, 즉 고문경서를 최대한 바르게 해석하고 싶었기 때문에 한자를 해석할 필요가 있었습니다. 다시 말해, 한자학은 한자의 자형 자의 구조를 체계적으로 이해함을 넘어 고대 중국인들의 문화와 사회, 지식과 인식 체계를 이해하는 도구의 역할을 합니다.

향기로울 향(香)자에서 풀이로 사용되는 향기도 한자입니다. 그러면 이 향기 향자를 우리 고유어로 표현하면 어떤 것에 가장 가까울까요. 그럼 향자의 본의는 뭘까요. 향자는 좋은 냄새입니다. 이 한자를 만들었던 당시 사람들에게 어떤 냄새가 가장 좋은 냄새였을까요? 바로 밥 냄새입니다. 그래서 당시 사람들은 쌀 화자와 밥그릇을 뜻하는 글자를 더해 밥 냄새를 만들고, 이 냄새야 말로 세상에서 제일 좋은 냄새라고 인식합니다. 고소하고 뭔가 식욕이 당기고 내 배고픔을 해소해 줄 수 있는 냄새가 정말로 막 당기는 냄새입니다. 그러면 우리 말로 표현할 때는 고소하다 혹은 땡긴다 이렇게 표현하는 게 맞습니다. 이를 통해 우리는 농경사회라는 것과 밥이 주식인 사회라는 것도 추측할 수 있으며, 인간이 느낄 수 있는 보편적 정서가 무엇이었는지도 알 수 있습니다. 또 한 예를 볼까요. 우리가 흔히 아는 집 가(家)자를 보시면 위는 지붕이고 밑에는 돼지가 있습니다. 이 글자를 통해 집 가자가 나오는 당시 사람들은 이미 집에서 돼지를 사육했다는 사실을 알 수 있을 뿐 아니라, 돼지를 통해 다산을 기원하고 있음도, 또 지붕이 존재한 것도 추측할 수 있습니다.

그럼 양에 대해서는 어떻게 생각했을까요? 양 양(羊)이 들어간 글자를 보니까 착한 선(善)자가 있습니다. 중국 사람들은 양이라고 하는 것은 선한 존재라고 생각했음을 여러 글자를 통해 확인하수 있습니다. 반면 개 견(犬)자가 활용된 한자가 사납다, 성질 부리다 등 안 좋은 의미로 쓰이는 것을 보면 당시 사람들은 개나 늑대에 대해 부정적인 인식을 하고 있음을 추측할 수 있습니다. 이처럼 글자를 통해서 우리는 고대 중국인들의 문화와 사회 체계를 이해할 수 있습니다. 이처럼 어떤 글자가 만들어질 때는 그 글자가 만들어진 사회적 이유와 배경이 있습니다. 볼 시(視)자의 앞에 있는 것은 제기 위에 고기 덩어리가 얹어진 모양이고 옆에 있는 견(見)자는 사람이 앉아서 무릎 꿇고 있는 모양입니다. 볼 시(視)자는 제사를 드리는 사람이 신의 응답을 기다리며 주의 깊게 보고 있는 모양이라는 걸 알 수 있습니다.

또 하나는 고서에 기록된 사실 중에서 미해결 문제 즉 글자의 문제, 음의 문제, 뜻의 문제와 같은 것들을 해결하는 데 도움을 줍니다. 많은 분들이 이거를 간과하고 있는데 간과할 수밖에 없는 이유가 이 미해결 문제를 이미 많은 사람들이 해결했기 때문에 그걸 당연시하고 있기 때문에 그렇습니다. 논어의 '학이시습지불역열호(學而時習之不亦說乎)'라는 문장에서 '說'을 '설'이라고 하지 않고 '열'이라고 읽는 이유는 후대에 주자가 주석을 달면서 '설은 열이다'라고 했기 때문입니다. 습(習)이라고 하는 것은 두 날개를 펴고서 수 백번 이상 펴서 움직여서 뭔가 연습하는 것이라고 누가 설명해줬기 때문에 우리는 그걸 알고 있는 것입니다. 만약에 그런 연구가 없었다면 논어 첫 문장을 보면서 아무도 그렇게 이해하지 않을 것입니다.

결국 한자학을 한다는 건 직접 목적과 간접 목적 이 두 가지 목적을 다 이루기 위함입니다.

한자학의 연구 분야

중국의 왕봉양이라는 학자는 한자학의 연구 범위를 두 개로 규정합니다. 협의의 한자학과 광의의 한자학입니다. 협의의 한자학에서 규정하는 한자는 중국어를 기록하는 문자입니다. 곧 중국어를 기록한 한자를 연구하는 학문이 한자학입니다. 반면 광의의 한자학은 중국어를 기록하는 한자 이외에 기타 민족 언어를 기록하는 한자와 한자를 기초로 생산된 한자식 문자 등을 모두 한자학이 이라고 규정합니다. 여기서 한자를 기초로 생산된 한자식 문자를 한자라는 범위에 넣는 것에 대해서는 이견이 있습니다. 우리나라의 구결 혹은 일본의 문자도 한자의 파생이라는 것입니다. 중국어의 표기 수단인 한자와 동아시아 전반의 언어에서 사용되는 한자를 구분해서 보았다는데 의미가 있습니다.

이후 이 정의인 광의의 한자와 협의의 한자를 가지고 지금도 많은 논의가 있습니다. 특히 일부 연구자들은 한자를 기초로 생산된 한자식 문자라는 용어 대신에 '한자계 문자(漢字系文字)'라는 말을 사용할 것을 제안하기도 합니다. '한자계 문자(漢字系文字)'란 처음 출발할 때의 모양은 한자의 구성 원리를 따라가지만 실제로 그것들이 표현하고 있는 거는 각기 다른 특성을 가지고 있다. 그래서 한자계 계통의 문자이지 한자는 아니라고 말합니다.

반면 주유광이라는 사람은 한자학을 역사 한자학, 현대 한자학, 이민족 한자학 이렇게 세 가지로 구분합니다. 역사 한자학은 예전부터 연구해왔던 전통적인 한자학이고, 현대 한자학은 신중국이 성립 이후에 만들어진 현대의 한자를 중심으로 하는 것이며, 이민족 한자학은 월남의 놈자라든가 광서성의 동자, 서하 문자 등 한자의 영향 아래 생성된 문자들을 말합니다.

이 두 연구자의 주장은 한자를 어떻게 규정할 것인가에 따른 분류였다면 왕녕이라는 분은 한자 자체만을 가지고 연구의 범위를 나누기도 하였습니다. 왕녕은 한자학의 연구 분야를 한자구형학, 한자자원학, 한자자체학, 한자문화학으로 구분합니다.

한자 구형학(漢字構形學)이란 한자의 구성 요소가 어떻게 변해왔는 살펴보는 학문입니다. 앞에서 우리가 예변(隷變)에 대해 공부했는데 예변 전과 후의 자형의 변화 모양과 원인을 살펴보는 것을 목적으로 합니다.

한자자원학(漢字字源學)은 한자가 처음에 어떻게 만들어졌지 어떤 의미에서 만들어졌 살펴보는 것으로 우리가 흔히 아는 본래의 의미와 모양이 무엇인지 살펴보는 것입니다.

한자 자체학(漢字字體學)하고 시대와 사람들에 따라 각기 달라지는 자체를 연구하는 것을 목적으로 합니다. 자체라는 표현이 자형, 구형(構形)하고 좀 헷갈릴 때가 있습니다. 자체는 하나의 한자에 대한 각기 다른 스타일들을 말합니다. 쉽게 말하면 컴퓨터에서 사용하는 폰트에 해당합니다. 폰트는 시각적으로 달라보이지만 그 구성요소나 배열은 언제나 똑같습니다. 단지 쓰는 사람에 따라서 다른 글자체를 나타냅니다. 서예를 배울 때 안진경체, 구양순

체를 들어보셨을 텐데 그게 바로 자체입니다. 그 자체를 조금 더 확장시켜서 그룹화시키면 갑골문, 금문, 전국문자, 소전, 대전 그 다음에 예서, 해서, 초서, 행서 이렇게 나누는 것입니다. 물론 이 안에는 자형의 변화가 있는 것도 있습니다. 또한 한자 자형이 다른 시기, 다른 용도, 다른 쓰기 도구, 쓰기 방법의 다양성에 따라 다양한 지역에서 각기 다르게 쓰인 모습들을 연구하는 것, 그 자체가 어떻게 변해왔는지, 자체별로 어떤 특성이 있는지 살펴보는 게 자체학(字體學)입니다.

한자 문화학(漢字文化學)은 어떤 글자가 생겼을 때 어떤 이유에서 그게 생겼을까를 문화적 관점에서 살펴보는 것입니다. 한자의 생성과 발전의 단계를 하나의 문화 현상을 봤을 때 한자는 문화의 소산이자 당시의 문화를 대변한다고 보는 것입니다.

이처럼 최근에는 한자학이라는 용어를 쓰는 걸로 거의 결정이 되었고, 한자학의 연구 영역은 학자들마다 각기 다르게 나누고 있지만 역사 한자, 현대 한자로 나누기도 하고 어떤 사람은 연구 분야에 따라서 구형, 자원, 자체, 문화로 나누기도 합니다. 또 협의의 한자학이라든가 광의의 한자학과 같은 용어도 사용하고 있습니다.

따라서 우리가 어떤 연구자들의 연구 성향을 볼 때는 그 사람이 쓰고 있는 용어의 함의가 뭔지 정의를 어떻게 내리고 구분을 어떻게 하는가에 따라서 각각 논의가 달라지는 걸 알 수 있습니다.

제10장

한자문화권의 형성과 재형성[1]

시작하며

우리가 현재는 쉽게 사용하고 이해하는 "한자문화권(漢字文化圈)"이란 명칭의 사용 역사는 그리 오래되지 않았습니다. 20세기 들어 동아시아 지역에 있는 한국, 중국, 일본 등이 세계 경제의 주요 국가로 성장하면서, 이 지역만이 가지고 있는 특징적 요소를 통해 그 문화를 이해해 보려는 노력에서 등장하였던 유교문화권(儒敎文化圈)이라는 용어 이전에 이 지역의 문화를 규정하던 용어가 한자문화권이었습니다.

잘 아시겠지만 한자문화권(漢字文化圈)은 중세시기 동아시아 지역을 중심으로 형성되었고, 이 문화권의 가장 기본적인 속성은 한자를 매개로 공동의 문화를 향유하면서도 개별적이고도 독립적인 문화를 발전시켜 '같으면서도 완전히 같지 않은(同而不同)' 독특한 문화권을 말합니다. 실제 이 명칭은 불교나 유교와 같은 종교나 주식(主食), 지역, 도구의 사용 등을 기준점으로 삼는 것과는 일정한 거리가 있습니다. 이 명칭이 가능한 이유는 문자의 1차

---

1 본 강은 2011년에 한자한문교육에 발표했던 「漢字文化圈의 變化와 漢字·漢文教育의 새로운 방향 모색」이라는 글에서 발췌하여 개고하였다.

적 기능에 집중하기 때문입니다. 문자는 정보를 전달하는 매개체 (media)로, 일반적인 글쓰기 이외에도 종교나 철학, 문학 등의 인류의 생산물을 전파하고 보급하는 역할을 담당하기 때문에, 인류의 의식적 행위 즉 문명의 발달과 이성 발달의 근간이 문자임은 부정할 수 없는 사실입니다. 즉, 문자는 인류의 오늘을 있게 한 가장 기초적이면서도 가장 핵심적 역할을 수행한 인류 최고의 발명품입니다. 따라서, 어떤 특정 문자를 기준으로 한 분류는 다른 문화 분류의 기준보다 더 1차적인 특징을 가지고 있다고 할 수 있습니다. 특히 이 문자를 기준으로 한 분류 중에서도 한자의 명칭을 사용한 분류는 다른 표음문자체계 명칭의 사용과는 다른 특징을 가지고 있습니다. 한자는 그 자체적 특징으로 표의문자의 특징을 유지하고 있기 때문에 각기 다른 음성언어 속에서 각기 다른 독음으로 사용되면서도 동일한 시각적인 형태를 통해 동일한 '정보'를 전달하고 있습니다. 이것이 바로 동아시아 각 국이 상이한 음성언어를 사용하면서도 필담과 같은 시각을 통한 정보 교류가 가능한 근본 이유임은 이미 여러 차례 말씀드린 바 있습니다. 또한, 그 전달의 콘텐츠 대부분은 중국 지역에서 이미 구축된 선진 문명이거나, 검증을 거쳐 수입된 외래 문명이었고, 인접 국가 중 이를 필요로 하는 국가들은 무엇보다도 한자라는 문자의 사용이 보편화되지 않을 수 없었으며, 이 콘텐츠는 의식적이든 무의식적이든 "중국 문화"를 자국 문화에 이식하는 결과를 가져올 수밖에 없었습니다.

결국 동아시아 각국은 한자를 통해 "문화"를 이식·확산하였고, 또 나름의 창조를 거치면서 독특한 "문화권"을 형성하였다고 할 수 있습니다. 이때 문화의 이식과 확산, 창조의 모든 내용은 인류가 발전시켰던 모든 것들이었으며, 그 인류 발전의 산물들은 모두가 한자를 통해 기록되고 이식·확산 될 수 있었습니다. 때문에 한자와 한문(문장)습득의 의미는 당시 사회에서 가장 기본적인 과제였으며, 한자문화권 중흥기에 있어서 한자와 한문(문장)교육은 가장 기초적인 교양수준의 교육이었습니다.

그러나 한자문화권의 쇠락과 분열, 자기 극복을 이루는 근대 시기부터 한자와 한문 교육은 이제 그 중요도에 있어서 이전과 같은 지위를 유지할 수 없었고, 이는 각 국의 특수한 환경에 따라 각기 다르게 나타납니다. 한국의 경우 근대화 이후 공통 보편교양이자 교과였던 한자와 한문의 학습은 특수하고 개별적인 교과의 학습으로 전환되게 되었고, 일본은 한자교육은 교양교육으로, 한문교육은 특수한 교과교육으로, 중화권과 화교를 중심으로 형성된 중화권에서는 교양교육이면서도 역사교육으로 그 의미가 바뀌게 됩니다.

한자문화권이라는 용어와 개념

지금 우리가 사용하고 있는 漢字文化圈이란 개념어는, 독일어의 "Chinesischer Kulturkreis"를 일본의 언어학자인 龜井孝(1912–1995)가 고대 동아시아에서 한자를 공동으로 사용하였던 지역을 지칭하는 용어로 사용하면서 시작됩니다. 그는 독일어의 "Kulturkreis"를 "文化圈"으로 사용합니다. 이에 대해 일본의 역사학자인 西嶋定生은 역사학의 주요 개념 중 하나인 '문화권'이라는 용어를 사용하여 '동아세계론(東亞世界論: 冊封體制論)'을 제창하기도 합니다. 그러나 문화권이라는 명칭을 사용하여 동아시아의 현상과 역사를 명명하는 명칭에는 한자문화권 이외에도 '동아문화권'·'동아문명권'·'유교문화권'·'불교문화권' 등이 있습니다. 그러나 이 명칭들은 일부 지역이나 종교, 특정 문화만을 기준으로 하기 때문에, 이 모두를 아우르는 총괄적 명칭으로 한자문화권이 더욱 적합하다고 할 수 있습니다.[2] 다음의 몇 가지 예를 통해 그 사

---

2   이러한 특징을 가진 한자문화권의 형성에 대해 일본 학자인 西嶋定生은 그 판단의 주요 지표로 冊封體制, 漢字, 儒敎, 佛敎, 律令制의 4가지 조건을 제시하고 있다. 그러나 이러한 판단의 기준은 그 기준이 각 국가의 특수성한 성격을 반영하기에 부족하다. 실제 이러한 한자문화권 각 국에서의 글쓰기는 한문의 형식만 존재하는 것은 아니었다. 이는 중국어와 한문의 형식이 어느 정도 일치를

실을 확인할 수 있습니다.

'불교문화권'은 동아시아의 특성을 종교인 불교를 통해 파악하는 것입니다. 실제 동아시아는 서양의 종교가 들어오기 전까지 불교와 자국 신앙이 주류를 이루었습니다. 때문에 불교문화권에 속하기는 하지만, 우리가 지금 이야기하는 국가만이 불교문화권에 속한다고는 할 수 없습니다. 불교문화권은 지역적으로 훨씬 더 많은 지역과 국가, 민족을 포함하고 있으며, 그들의 음성언어와 표기 문자와 문언 등은 공통성보다는 특수성이 더욱 많다고 볼 수 있습니다.

'유교문화권'이라는 명칭의 경우 정치적·철학적 기반을 기준으로 삼음으로써 타 종교나 철학과 같은 개별성을 무시할 수 있다는 점과 한자문화권의 실제를 정확히 반영하기 힘들며, '한문문화권'이라는 명칭은 '한문'이라는 공동 문어만을 기준으로 삼음으로

이룰 수 있으나, 음성언어가 개별적인 기타 국가에서 완전 한문체를 수용하는 것은 일정 정도의 시간이나 노력이 필요하였고, 또한 한문체 말고도 다른 작문법이 존재했다는 점에서 그러하다. 한국의 역사 흐름 속에서 사용되었던 서기체, 이두와 향찰, 구결 등은 이런 자국 언어 형식을 표기하기 위해 사용되었던 방법이며, 일본의 가나문자 혹은 한글, 거란문자 등도 자국의 언어를 표기하기 위해 고안된 방법이었다고 할 수 있다. 그러나 한문체는 동아한자문화권에 있어 유일한 공식 표기 문언이었고, 각 국에서 새롭게 등장한 문자체계 또한 한자의 일정한 영향 아래 형성된 것이었다.

써 개별 국가의 자국 문어형식을 제대로 반영하기 어렵다는 단점을 가지고 있습니다. 실제 한문이라고 하면 그 속에는 고문과 변문의 두 가지 어법 형태가 존재하며, 이 어법형태는 또한 국가별로도 다른 다양한 측면을 가지는데, 이때 국가별로 다르게 되는 변문을 한문에 포함하는가의 문제는 또 다른 측면의 문제를 불러올 수 있다는 측면에서 매우 조심스럽습니다. 또 변문을 제외한다고 하면, 이는 고문만을 지칭하는 용어로 한정되어, 이후의 변문들이나 각 국가 고유의 변문들은 어떻게 규정할 것인가의 문제가 제기될 수 있습니다. 이처럼 한문문화권이라는 용어는 한문이 무엇이며, 어디까지인가의 개념 규정부터 모호하고 복잡한 성격을 지니고 있습니다. 또한 만일 한문은 문언이라고 뭉뚱그려보더라도 현재의 새롭게 편성되면서 문언의 경험이 없던 국가들을 어떻게 바라볼 것인가라는 문제가 생기기 때문에, 어느 편으로 보더라도 명칭의 한계를 가지게 됩니다.

때문에, 위에서 제기한 불교문화권, 한문문화권, 유교문화권 등의 모든 특성이 나타나면서도 그 실상을 가장 정확히 표현해 낼 수 있는 명칭은 바로 공동 문자인 '한자'를 이용하는 방법입니다. 곧 "한자문화권"은 "지역적으로 중국의 인접한 국가이면서, 철학적, 종교적, 문화적 공유성과 특수성을 가지면서, 개별적인 음성

언어와 한자라는 공동의 문자를 사용하여 문화생활을 영위하였던 지역"이라고 할 수 있다. 이들은 국가와 민족, 인종과 음성언어의 이질성 속에서도 공동의 한자를 사용함으로써 공동의 문화유산을 창출해내고 향유하며, 이를 토대로 자국 민족문화의 발전합니다. 때문에, "한자문화권"이라는 명칭이 가지는 의미는 단순히 공통의 '한자'라는 문자를 썼다는 의미를 벗어나, 새로운 문화권을 형성하고 이를 토대로 "지역 문화 공동체"를 이룩한 역사적·문화적 성격을 지니고 있다고 할 수 있다.

한자문화권의 형성과 발전

2002년 중국 난징(南京)에서 열린 '역사 인식과 동아시아 평화 포럼'은 동아시아 역사 인식에 대해 새로운 장을 열었습니다. 이 포럼을 통해 처음으로 동아시아 삼국이 공동의 "歷史" 교과서를 제작하기로 결정하였고, 그 후 2년 동안 세 나라의 학자·교사·시민 54명이 책의 집필과 검토에 참여하여 2005년 5월 최초의 동아시아 공동 역사 교과서인 『미래를 여는 역사』가 한국·중국·일본에서 동시에 출간되었습니다.

이러한 공동의 역사 교과서 집필의 바탕에는 韓·中·日이라는 국가로 대변되는 동아시아 지역의 특수성이 존재하고 있으며, 그 특수성은 지역적으로 인접한다는 물리적 측면에서 기인하고 있습니다. 지역적 인접성은 이들 국가 간의 문화 교류를 가능하게 했을 뿐 아니라 자국 국력의 확장과 그 확장을 저지하기 위한 반동이 가능했던 가장 직접적인 배경입니다. 후자의 경우 정치와 국방, 외교라는 외형적 측면으로 표출하는데, 이는 각 국가가 자국 이익을 중심으로 독자적인 국가적 발전을 꾀하기 때문임은 쉽게 짐작할 수 있습니다. 한편 전자의 경우 즉, 문화교류는 이러한 외부적 표출 양식을 드러나지 않으면서도 오랜 시간 동안 상호 관계 속에서 깊은 연관을 갖으면서 발전하게 된다는 점에서 후자와는 다르다고 할 수 있습니다. 특히 동아시아는 중국(中國)을 중심으로 이러한 문화 교류가 활발히 이루어진 공간이었습니다. 그러나 동아시아 지역의 문화 교류는 기타 지역 공동체의 문화 교류와는 다른 독특함이 있습니다. 첫째, 이 국가 간의 문화교류 양상은 정복 등을 통한 직접전파보다는 간접전파와 자극전파뿐 아니라, 자국의 발전을 위한 수용의 자세 또한 적극적인 모습을 보인다는 점입니다. 둘째로, 이 지역 국가들은 각기 서로 다른 어족(語族)에 속하면서도 하나의 동일한 문자를 사용하고, 그 문자를 이용하여 타 국가 간의 의사소통 도구뿐 아니라 자국 내의 의사소통 도구로의 역할을 수행하고, 국가 간의 문화 교류와 자국의 문화 형성과 발전을 이루었다는 점입니다.[3] 셋째로, 물리적 힘이나 종교적 힘에 의한 주종의 관계뿐 아니라, 의식적이고 사유적인 주종 관계를 형성해 냈다는 점입니다. 물론 이 관계의 형성에 전혀 물리적·종교적 요소가 영향을 미치지 않은 것은 아니나, 철학적 사고의 경도 현상을 통한 의식적이고 사유적인 주종 관계의 형성은 다른 문화권과는 다른 양상을 보이는데, 이렇게 형성된 동아시아를 중심으

3　물론 이런 측면에서 보자면 서양의 중세 공통 문어였던 "라틴어"도 이에 비교할 수 있다고 할 수 있으나, 사실 라틴어와 한자·한문의 사용은 그 실상이 그 다르다. 당시에 라틴어는 중세 보편 문어인 동시에 구어였다. 글을 쓰는 도구인 동시에 읽는 방법이었고, 그 읽는 방법은 라틴어였다. 한편, 한자와 한문은 표기 수단과 기록의 방법으로만 존재하였을 뿐, 읽기에 있어서는 개별 국가의 발음을 따랐고, 개별 국가의 언어를 기록하기 위해 변형도 하였으며, 개별 국가의 어법에 따라 독특한 문어를 생산해 내기도 한다. 이는 중국어를 읽기 위한 것이 아니었으며, 중국어의 발음으로 읽혀지는 것도 아니었다. 쓰기의 수단이었을 뿐, 읽기에 있어서는 국가마다 다른 특성을 보여주고 있다. 물론 라틴어도 개별 국가의 어휘의 구성과 발전, 표기에 있어 라틴 문자의 수용 등에 있어 매우 중요한 역할을 하고 있으며, 이 또한 한자라는 문자가 동아시아에서 가지는 위상과 일맥하고 있다고 볼 수 있다. 그러나 그 속에서도 한자는 라틴 문자와는 다른 특성을 보이는데, 한자는 전통의 보전과 변형이라는 두 형식으로 발전을 꾀하고 있고, 이 두 형식 중 전통에 더 큰 비중을 두고 있다는 점이다. 이러한 특성은 곧 표음문자와 표의문자라는 서로 다른 출발에서, 그 문자가 언어 밀접한 관련을 가지면서 정치적 문화적 중심 매개체로 작용하면서 자연스럽게 발전하게 된다.

로 한 문화권을 "한자문화권"이라 부르기도 합니다.

이 한자문화권은 농경민족이면서 봉건체제를 유지하는 한편, 역사적으로 한자와 한문(한국·일본·베트남 등 중국을 제외한 기타 국가에서 漢文이라고 지칭하였다.)을 문어로 완전 사용 혹은 부분 사용한 공통성을 가지고 있으나 그들의 음성언어는 각기 다른 형국이었습니다. 한편, 지역적으로는 대부분 동아시아에 속하였으나 유목민족이었던 몽고족이나 장족 등은 한자를 사용하지 않았기 때문에 한자문화권의 범주에 속하지 않는다고 할 수 있습니다. 반면 중국의 인접국가였던 베트남은 동아시아 지역은 아니지만 오랜 동안의 중국과의 교류를 통해 한자와 한문을 사용한 한자문화권의 일부였습니다. 이처럼 한자문화권은 '한자'와 그를 기반으로 한 '한문'이라는 문언문을 공동으로 사용하여, 정치·경제·제도·문학 등 여러 문화 기반을 공유할 수 있었던 국가나 지역을 통칭하는 용어로 사용됩니다. 이들 한자문화권에 속한 국가들은 또한 중국으로부터 발달된 철학 사조와 중국으로 통해 전래된 종교인 유가사상과 불교사상을 공유합니다. 그러나 이러한 문화의 전래와 전파의 기본 조건 또한 한자와 한문이었습니다.

한자문화권의 형성과 의의

　중국의 한(漢)대를 전후하여 남북조 시대에 이르기까지 한자와 한문을 기초한 여러 선진 문화는 주변 국가로 전래되어 자국화 됩니다. 당시 국가 간의 교류는 한자와 한문(문언문)을 중심으로 이루어졌습니다. 그런데, 당시 한반도의 여러 독립 국가들이 한자와 한문을 사용하게 된 배경에는 중국과의 지역적 인접성과 한사군의 설치를 통한 직접 전파의 시도, 선진 문화의 전이성이라는 특징이 작용되지 않는 독특함이 있습니다. 당시 한반도를 중심으로 여러 신흥 국가들이 국가라는 체제를 조직하고 정비의 필요성으로 한자와 한문의 수입과 사용에 적극적인 모습을 보였다는 점입니다. 초기 수입의 경우 자의와 타의가, 그리고 한자와 한문에 유능한 일부였으나, 국가 형성 과정을 거치면서 이제 한자와 한문은 적극적 수입과 활용을 통해 자국의 문자·문언으로 그 쓰임이 확대됩니다. 사실 그들이 필요했던 진짜 목적은 유가 경전과 정치체계였습니다. 유가 경전과 중국의 정치체계를 수용하려면 한자와 한문의 이해가 필요했던 것입니다. 그리고 이러한 사정은 단지 한반도의 국가들만의 사정만은 아니었다. 베트남과 일본 등도 자국의 "정치"체제 구축, 즉 봉건체제 구축을 위한 가장 기본적인 전제 조건으로 한자와 한문으로 기록된 "경전"의 수입과 활용에 적극적인 자세를 취합니다. 사실 각 국의 한자·한문의 전래와 사용 시기와 사용처 등을 잘 살펴보면, 대부분이 국가 간의 경제·군사 교류 보다는 국내적인 정치체제 구축을 위한 필요성이 더 크게 작용하였다고 할 수 있습니다. 당시 국가 건설에 있어 중요했던 계급의 구분, 주종의 관계 형성과 복고주의·대동사회론·현실주의·법치주의·관제·역사 기록의 당위성 등 국가를 통치하기 위한 제반 이론과 경험은 이미 중국에서 구축되었고, 이제 신흥 국가들은 그것을 수입하여 적극적으로 국내에 활용하면 되었습니다. 더욱이 자국 문자가 존재하지 않던 당시에 그것도 선진국가의 문자를 수입해서 사용한다는 것은 여러 당위성을 인정받을 수 있었습니다. 다시 말해, 지배층의 지배 논리를 강화시켜 나가기 위해 필요한 모든 것들을 기록한 한자와 한문에 대한 해박한 지식과 이해는 당시 신흥국가 건설과 정립에 필수적이었습니다. 그들은 적극적 수용을 할 수밖에 없는 환경이었고, 이들은 이런 이유로 당시까지 한 번도 들어본 적도 본 적도 없는 자국의 음성언어와는 완전히 다른, 새로운 외국어와 외국문자를 수용하는데 적극적인 태도를 보입니다. 유가 경학에 밝은 학자를 양성하기 위해 국내에 교육기관을 설립할 뿐 아니라 국비로 유학을 보내고, 관련 시험을 통해

관리를 양성하는가 하면, 모든 국가의 율령과 사회 체제를 한자와 한문을 통해 바꾸어 나갔고, 이를 통해 형성된 문화는 자연스럽게 하층 문화로 전달되었습니다.

혹자는 한반도에 한자와 한문이 보급된 것은 중국이라는 거대 국가의 군사력이 그 원인이었다고도 말하기도 하지만, 이는 실상에 부합하지 않습니다. 군사력에 의해 정치적 지배를 받을 수는 있으나, 자발적으로 문화를 수용하려는 태도를 보이는 것은 그 문화가 그들에게도 매우 중요하기 때문입니다. 곧, 물리적 힘에 의한 지배의 관계가 문화적 수용의 활용의 단계에 직접적인 영향과 원인이라고만 단정하기엔 부족합니다. 중국의 주변 국가들은 한자와 한문을 적극적으로 수용하고 활용했습니다. 이는 동아시아 각국이 군사적으로 중국의 영향력 때문이었다든가, 정치적으로 그들의 영향을 깊게 받고 있었다든가, 당시 그 각국이 자기 문자가 없었기 때문에 하는 수 없이 중국의 문자와 문어를 사용하게 되었다고만 할 수 없는 근본적인 이유가 있었던 셈입니다. 바로 자국의 정치를 위해 한자와 한문으로 표현되고 있는 "經典"[4]에 담

4 　經典이라는 표현부터 유교적 세계관에서 나온 말이다. 객관적 입장에서 유학 고전 문헌이라 서술해야 하지만, 이 문맥에서는 "經典"이라고 말한 것부터 그런 의식을 담고 있음을 보여주기 위해 따옴표로 처리하여 표시하였다.

긴 원리와 이론이 필요했기 때문입니다. 이 필요성은 당시 지배계급으로 하여금 한자와 한문을 적극적으로 수용하고 활용하게 한 근본적인 이유였던 셈입니다. 물론 위에서 제기한 여러 요인도 배경이 되었겠으나, 그중 어떤 것이 가장 주요한 원인이었는가를 살펴보았을 때 침략 혹은 강요에 의한 수용은 아니었습니다.

한편, 중국으로부터 넘어온 문화 전파와 보급은 점차 확대되어 갔으며, 공통의 문화뿐 아니라, 이제 자국의 문화를 형성하는데도 큰 영향을 줍니다. 각 국의 제도와 법률, 사상과 문학 등의 제반 국가의 문화뿐 아니라, 초기 고유어 중심에서 한자어 중심으로 어휘의 형성과 사용 빈도의 축 또한 전환되기에 이릅니다. 이는 국가 고유의 음성언어와의 괴리까지도 극복한 매우 강한 속성을 보입니다. 한자와 한문이 국가의 중요한 문자·문언의 역할을 온전히 담당해내고, 그것으로 인해 고유의 어휘와 문화는 서서히 소멸하여 가면서, 점점 한자문화권은 다름에서 같음의 방향으로, 특수함에서 보편화로, 물리적 결합이 아닌 화학적 결합으로 가고 있었으며, 그 중심에는 한자와 한문이 있었습니다.

이렇듯 한자와 한문은 당시 동아시아의 보편 문자체계이자 보편 문어로서 자국의 문화뿐 아니라 타 한자문화권과의 교류를 위한 기초적이고 기본적인 매체였으며, 이는 당시 국가체제를 유지하는 기본 도구였습니다. 이러한 영향은 바로 교육을 통해 나타납니다. 한자문화권에 속하게 되는 국가들은 어느 국가를 막론하고 한자교육과 함께 기초 한문교육과 이를 통해 인재를 선발하는 과거제를 시행했습니다. 과거제의 시행 과목이나 일반 교육 과목에서도 한자문화권의 유사성을 발견할 수 있습니다. 교육의 교재는 바로 중국의 대표적인 유가 경전과 사서(四書)였습니다. 이뿐 아니라 모든 국가에서 최고의 문학 작품은 중국의 것이었습니다. 교육을 통해 한자문화권은 더욱 공통 문화권으로서의 확고한 자리를 굳혀갑니다.

그러나 한자문화권의 여러 국가와 민족이 완전히 동일한 문화로 동화된 것은 아니었습니다. 동일 문자인 한자를 사용하되 그것을 자신들의 언어에 맞게 변화하기도 하였고, 한자 자체의 사용을 부정하고 새로운 문자를 사용할 것을 주장하기도 하였습니다. 한반도의 경우 한자와 한문이라는 문자와 문언이 한국어라는 언어와 충돌하였고, 이를 극복하기 위해 서기체(誓記體), 이두(吏讀), 향찰(鄕札) 등과 함께 한글 등의 새로운 형식의 필요성과 사용을 촉진했습니다. 그러나 이두를 제외하고는 주류로 올라서지지는 못하였으나 여전히 사용되었습니다. 일본과 베트남 내부에서도 이러한 노력이 있었으나, 그것이 기존의 한문을 대신하여 주류가 되지 못했을 뿐 소멸된 것은 아니었습니다. 또한 한자문화권의 개별적 특수성은 각 국가마다 한자의 음가가 다름이 인정되고, 다른 어휘를 사용하며, 개별 국가의 고유 언어를 보존하면서, 한자와 한문이라는 외래 문자와 문장형식을 각 국에서 나름대로 주도적으로 사용하고 활용하였다는 점에서 찾을 수 있습니다.

결국 시간이 지날수록 초기보다 더욱더 같으면서도 다른 한자문화권으로 형성되어 갔고, 여기서 같음은 다름보다 훨씬 강했습니다. 17세기 이후 동아시아를 방문하였던 서양의 선교사들은 이런 동아시아의 상황을 경이로운 시각으로 바라보는데, 일본 학자인 다케다 마사야는 『창힐의 향연』에서 서양 선교사들이 한자라는 문자체계를 접하면서 경탄한 두 장면을 등장시킵니다.

에두아르트 에르케스는 '한자란 무엇인가'에 대해 다음과 같이 말하고 있다.

서로 통하지 않는 전혀 다른 방언을 말하는 중국인들이 같은 민족의 일원인지를 분별하는 수단이다. 입으로 말하는 방언과는 관계없는 글로 쓰는 언어가 있는 덕분에 그 문자는 어느 중국인에게나 이해된다. …(중략)…그리고 중국의 문자를 채용한 아시아의 여러 민족, 즉 조선인·일본인·안남

(安南)인 등도 중국어를 몰라도 중국인과 의사소통을 할 수 있다.

 '표의성의 신화'에서 이론적으로 도출된 것이 곧 '보편성의 신화'(The Universality Myth)이다. 드프랜시스는 세 가지 구체적인 예를 든다. 먼저, 서로 구두로는 이해할 수 없는 중국 내의 다른 지역 사람(가령 베이징인과 광둥인)끼리도 한자를 사용한 필담으로 의사소통을 할 수 있다는 것. 둘째, 한자로 쓴 것이면 고대의 시문(詩文)이든 현대의 신문이든 똑같이 읽을 수 있다는 것. 셋째, 한자는 전혀 다른 언어를 말하는 사람들 사이에서 커뮤니케이션의 보편적인 수단으로서 기능할 수 있다는 것. 이 세 번째 예는 일본인과 중국인이 필담으로 의사소통을 할 수 있다는 점을 지적한 것으로 첫 번째 예를 더 확대한 것이다.

 한자문화권의 동아시아 지역 국가들은 각기 다른 어족(語族)이면서 어느 특정 능력을 지닌(여기서 말하는 특정 능력이란 외국어 능력을 말한다) 일부 계층만이 아닌, 국가 모든 지식 계층의 표기 수단과 방법을 '漢字'와 '漢文'으로 통일화하며, 이를 매개로 "동일 문자·문언 공동체"를 형성하였던 것입니다.

한자문화권의 쇠락과 변혁

　공고하여 허물어질 것 같지 않던 한자문화권은 이제 위기의 시기로 접어들게 됩니다. 18세기를 시작으로 서세동점(西勢東漸)과 자국 국가 위기론을 통해 촉발된 근대화는 '한자문화권'의 변화를 요구하였고, 그 변화의 요구에는 문자 개혁과 함께 교육의 개혁이 함께 있었습니다. 한자 사용에 대한 반성과 변화에 대한 요구와 수용, 새로운 서구 과학 문명의 적극적 도입은 전통적으로 한자가 담아내었던 가치관과 내용이 아니었습니다. 이 새로운 내용은 알파벳으로 대변되는 라틴문자를 그릇으로 하고 있었습니다. 국가적 위기 속에서 당시에 더 급박했던 것은 전통문화의 사수가 아닌 서양 문화의 수입을 통한 국가적 개혁이었습니다. 이제 한자와 한문은 그 효용성에 있어 자신의 문자·문어로서의 확고했던 지위를 라틴문자 혹은 개별 자국 문자로 넘겨주어야 했습니다. 또한, 지금까지 중국과 다른 언어이면서도 억지스럽게 사용했던 문언은 더이상 존재 의미가 없어졌습니다. 중국보다 더 강하고 학습해야 할 새로운 세계가 등장하였고, 자국의 보존을 위해서는 정치적으로 중국과의 관계를 끊어내어야 했습니다. 더 이상 중국과 같은 한문을 사용해야 할 아무런 이유도 남지 않게 된 셈입니다. 아울러 한자문화권의 강화와 더불어 강화되었던 중국 중심의 세계관에 대한 반발과 반작용은 이러한 한자문화권의 해체를 더욱 가속화 시킵니다. 이제 각 국가들은 자국어와 한문이라는 이중 언어가 아닌 자국어 중심의 언문일치를 주장하기 시작하였습니다. 이렇게 하나의 문화권을 이루던 동아시아 한자문화권은 중국의 세력 약화와 더불어 점차 쇠락의 길로 들어서, 표면적으로 이제 한자문화권은 그 존립 기반을 위협받기에 이릅니다.

한자문화권의 쇠락의 시작은 한자문화권의 중심이었던 중국을 아시아의 맹주에서 종이호랑이로 변화시킨 아편전쟁(1839-1842)이었습니다. 아편전쟁은 단지 중국의 위상 추락과 국력 약화뿐 아니라, 한자문화권의 붕괴를 촉발한 대단히 중요한 사건이었습니다. 아편전쟁을 통해 한자문화권에 속하였던 대부분의 동아시아 국가들은 서구 열강의 국력이 얼마나 강한가를 몸으로 깨닫는 한편, 세계 질서의 흐름이 이제 서구 열강으로 전환되고 있음을 인식하게 됩니다. 이제 중국은 동아시아 각국의 입장에서 선망이나 부러움·존경·주종의 국가에서 세계 어느 다른 기타 국가와 별 다름 없는 하나의 이웃 국가로 인식되기 시작합니다.

새로운 선망의 대상은 중국을 이긴 서구 열강이었고, 살아남기 위해서는 그들고 같은 근대화를 이루어 자주 독립국으로서 새로운 기반을 마련해야 했습니다. 서구 제국주의에 식민지가 될 빌미를 제공하지 않기 위해서라도 빨리 중국으로부터 벗어나 독립국을 선언해야만 했습니다.

이러한 정세 속에 각 국은 서구 근대화를 받아들이기 위해 국민의식과 지식의 확충과 시민사회의 양성과 같은 새로운 패러다임을 추구하였고, 그 패러다임의 출발은 바로 자국 음성언어와 일치하는 글쓰기와 표음문자를 통한 쉬운 문자 쓰기와 활용하기 위함이었습니다.

동아시아 한자문화권에서 가장 먼저 탈출을 시도하였고, 그 탈출이 성공하였던 국가는 일본입니다. 일본은 한자의 사용을 제한하기 위해 한자의 사용 수량을 제한하고, 한자의 모양을 약자형식으로 변화시켰으며, 자국 내에서 표음문자인 가명(假名)의 완전 사용과 국한혼용체의 주장 속에서 결국 국한혼용체를 유지하게 되었으나, 문언의 경우 한문을 버리고 완전한 일본어의 언문일치를 이룹니다. 이 모든 것들은 바로 서양의 선진과학기술을 빠르게 받아들이는 과정과 전후에 한자폐지론과 완전 라틴화를 주장하며 일어난 변화입니다.

한편, 한자문화권의 변두리였던 일본이 동아시아의 새로운 강자로 등장하자, 중국은 서구 세력뿐 아니라 일본에 대해서도 크게 경계심을 갖게 됩니다. 결국 한자의 종주국이었던 중국(대륙) 조차 한자를 버리고 라틴문자를 채용하려는 움직임과 함께, 이를 위한 중간 단계로 한자의 사용을 제한하기 위해 사용 한자의 수량을 제한하고, 한자의 모양을 기존 자형에서 간화된 자형으로 바꾸는 일련의 문자개혁 운동과 더불어, 완전 백화체를 채용함으로써 기존의 고전문언문투를 완전히 버리는 정책으로 전환됩니다. 대만·홍콩·마카오의 경우 한자는 그대로 사용하면서 문언인 한문을 폐지하고 구언인 백화체를 채용함으로서 언문일치를 추구했습니다.

한국의 경우에는 대한제국의 선포와 더불어, 우선 자국 문자인 한글 전용을 채택, 일제강점기를 거치면서 더욱 강화된 한글 사랑, 그리고 민족정신을 강조하면서 대표적으로 한글의 사용이 등장합니다. 이 과정 속에서 한자의 사용을 제한하기 위해 사용 수량을 제한하하였으나, 한자 자형을 변화시키지는 않았습니다. 폐지할 한자의 자형을 조정하는 것은 의미없는 일이었습니다. 전통적인 문언이었던 한문을 이용한 글쓰기는 폐지되었고 한국어에 기반한 완전 언문일치를 추구합니다. 다만 오랜 세월동안 생성되어 우리말에 유입된 어휘는 쉽게 없앨 수 있는 문제가 아니었습니다. 다만 표기상으로만 완전 한글 전용을 이룰 뿐 한자어를 고유어화하는 것은 불가능하였습니다.

베트남의 경우 17세기 프랑스 선교가 알렉산더 드 로데 (Alexandre de Rhodes)에 의해 제안된 Chữ Quốc Ngữ 가 20세기 이후 완전 보급화에 성공함으로써 한자와 한문이라는 문자와 문언은 이제 학교 교육이나 일반 어문 생활 어디에서도 찾아볼 수 없게 됩니다.

이와 같이 근대 시기 종래의 한자문화권은 중국의 아편전쟁으로 인해 촉발된 동아시아의 변화 과정과 서세동점의 대응 속에서 하나가 아닌 여럿으로 바뀌었습니다.

	근대화이전		근대화이후	
	문자	문언	문자	문언
한국	전통한자	고전문언문 (한문)	한글전용	한국어
일본			假名+신자체	일본어
베트남			라틴어화	베트남어
중국(대륙)			간화자	백화체
대만			전통한자	백화체
홍콩			전통한자	백화체
마카오			전통한자	백화체

이제 전통적 의미의 한자문화권은 사라진 것처럼 보였습니다. 그러나 이는 단지 쇠락이었습니다. 동아시아 한자문화권은 여기서 그 맥을 끊지 않습니다. 오랜 시간 동안 형성된 한자문화권의 영향력은 쉽게 사라질 성질의 것이 아니었습니다. 생활과 전통의 문화뿐 아니라 개인의 가치관과 세계관 등에는 오랜 시간에 걸쳐 축적된 공통과 개별의 것이었습니다. 곧 한자를 기반으로 시작되었던 문화교류가 자국의 독특한 문화와 결합되면서 "같지만 다른 문화"를 형성해 내었고, 이것은 곧 그 국가뿐 아니라 동아시아인의 정체성 형성에 큰 역할을 하게 됩니다.

여기에 한자문화권의 유지에 큰 역할을 한 것은 언어의 어휘였습니다. 근대기 서양의 선진 문물을 번역하는 과정에서 일본이든 중국이든 한자어휘를 통해 대량으로 번역어휘를 생산해냈고, 그 한자번역어휘는 다시 종래 한자문화권 국가들로 보급되어 공통적인 학술용어로 사용됩니다. 한문의 글쓰기는 더 이상 존재하지 않았으나, 수없이 많은 학술용어가 다시 한자어휘로 구성되면서 이제는 어순만 각 국의 언문일치를 따를 뿐 사용 어휘의 본질을 볼 때 한자를 이용한 동질성이 더욱 확산되게 됩니다.

새로운 한자문화권의 형성

20세기 초 세계의 변방, 경제적 빈곤국들이 모여 있던 동아시아의 각국은 특유의 민족성과 근면함으로 눈부신 경제성장을 보여주었습니다. 1980년을 시작으로 동아시아의 한국·홍콩·대만·중국 그리고 일본은 유럽공동체의 부상과 대적할 만한 새로운 경제 공동체의 가능성을 보여줍니다. 세계 경제학자들이나 문화학자들은 동아시아가 이렇게 급속도로 발전할 수 있는 특성이 무엇인지 주목합니다. 당시 그들이 보았던 동아시아의 특성은 바로 그들 모두에게 공통적으로 존재하는 일종의 공동문화(표층문화와 내적문화)가 존재하고 있으며, 이 공동문화의 근간에는 한자라는 특수한 문자와 유학(유교), 불교 등의 요소가 있었다는 사실입니다.

이 시기 이후 새로운 한자문화권이 등장합니다. 새로운 한자문화권은 전통적인 한자문화권만 국가에만 국한되지 않았습니다. 세계화된 사회 속에서 다양한 교류를 통해 문화가 이식되는 현상은 기존의 것과 달랐습니다. 옛 한자문화권에 속하였던 국가들의 국민은 이제 한 국가에만 머물러 거주하지 않게 되었습니다. 세계 어느 나라라도 이주할 수 있으며, 그 이주를 통해 새로운 지역에서 자신들만의 문화적 전통을 지키려는 노력이 함께 이어지고, 이들의 결집된 사회구성을 통해 그 지역에 지금까지 없었던 새로운 문화가 보급됩니다. 여기에는 동양 특유의 집단 문화가 큰 역할을 합니다. 또한 동아시아 각 국의 경제 발전은 이러한 문화의 전파와 보급에도 긍정적인 영향을 줍니다. 화교·한국인·일본인 등을 중심으로 한 새로운 문화권은 이제 싱가포르와 말레이시아 등에서 완전한 주도권을 가지게 됩니다. 새로운 국가들의 성장과 함께 전 세계에 뿌리 내리며 살아가고 있는 2세, 3세들이 중심이 된 문화권까지 모두 포함될 수 있게 되었습니다. 더욱이 문화의 확대를 통해 한국어·중국어·일본어와 같은 동양 언어를 학습하고자 하는 기타 인종들도 이제 한자문화권에 속하는 구성원으로 포함되게 됩니다. 한자문화권의 언어학습은 단순히 기능적 언어학습으로 그치는 것이 아니라 그 나라의 문화를 습득하는 과정이며, 특히 동양의 언어들을 구성하는 어휘 중 한자어휘가 많다는 것은 그들에게 한자 학습이 중요한 학습요소가 됨을 의미합니다. 때문에, 새로운 한자문화권은 지역적, 인종적 한계를 벗어나 라틴문자문화권과 대립이 아닌 공존의 시대를 펼쳐나가고 있다고 할 수 있으며, 이는 표음문자문화권과 표의문자문화권의 충돌이 아닌 상생과 공존의 시대로 접어들고 있음을 말합니다. 여기에는 더 이상 어떤 문자를 지칭하여 낙후하였다거나, 비생산적이라거나, 우월하다는 등의 잣대가 무의미해졌으며, 각 문자는 나름의 특성과 우월성을 가지게 되었다고 할 수 있습니다.

이런 의미에서 이 새로운 한자문화권의 진정한 의미는 이제 시작 단계에 있다고 할 수 있습니다. 새로운 한자문화권 형성의 이면에는 바로 전통적 한자문화권의 독특한 특성과 문화적 동질성 그리고 새로운 한자문화권 사이에 존재하는 어휘의 동이성(同異性) 등 새로운 한자문화권을 구성하는 배경이 있습니다.

그러나 지금의 한자문화권은 여기에서 한 걸음 더 나아가는데, 위에서도 언급하였듯 표면적인 한자 사용(字形과 字種)이 달라졌으며, 더 이상 한문이라는 고전문언문을 문어로 사용하지도 않습니다. 이뿐 아니라, 동아시아라는 지역적 한계를 벗어나고 있으며, 전통 문화의 계승과 발전이 민족과 국가 정신 형성과 더불어 국민의 정체성 확립에 큰 영향을 미치고 있고, 자국 언어 속에서 수없이 많은 고금의 한자어휘를 습득하고 활용하고 있습니다.

마무리하며

정리하여 보면, 한자문화권은 한대(漢代)를 전후하여 생성된 이후 발전되다가 근대를 전후하여 분열과 쇠락의 길로 들어섰으나, 1980년대를 전후하여 새롭게 부상하고 있습니다. 한자문화권은 지역적 밀접성으로 인해 서로 다른 언어를 사용하면서도 한자라는 공동의 문자와 한문이라는 공통의 문어, 정치적, 종교적, 문화적으로 하나의 문화권을 이루었던 것을 말합니다. 한자문화권이 형성되고 발전되면서, 각 국가는 초기의 특수성 보다는 동질성을 더 많이 가지게 되었고, 이는 공통된 정치사항과 문화의 향유뿐 아니라, 각 국 어휘의 형성과 발전, 자국 문학과 문화의 발달에까지 영향을 끼치게 되어, 동일한 철학적 가치관과 세계관을 형성하는데 중요한 역할을 담당하였습니다. 그러나 19세기 이후 중국의 영향력 축소와 서구 과학 문명의 도입과 발전 등은 한자문화권을 해체하고 각국 나름의 새로운 언어정책을 펴게 하였으며, 이로 인해 통일된 문자와 문언으로 이루어지던 한자문화권은 완전 소멸하는 듯 보였습니다. 그러나 오랜 역사를 통해 각 국의 문화에 뿌리 깊게 자리 잡았던 한자 생활은 다시 각 국 나름의 특수한 과정을 거쳐서 현재에 정착하게 됩니다. 그리고 새롭게 한자문화권에 대해 주목받기 시작하면서 이제 한자와 한문은 세계 문화 중 중요한 문화의 하나로 인식되기 시작하였는데, 이 신한자문화권은 이전의 한자문화권과는 다른 특징을 가지게 됩니다. 한자라는 개별

문자의 자형이 변화하였으며, 한문은 이제 더 이상 생산되지 않는 고전문언문으로만 존재하게 되었으나, 한자로 이루어진 어휘는 현재 각 국의 어휘에서도 그 생명력을 발휘하고 있으며, 고전문언 문은 동양의 공통 역사와 인식의 교류뿐 아니라 자국의 전통 문화 전승과 발전에 중요한 역할을 담당하고 있습니다. 때문에 신한자 문화권 시대에서 한자교육과 한문교육은 단순히 국내적 상황이 아니 신한자문화권 공통의 보편적이면서 기본적인 교양 교육이 될 필요성을 가지고 있습니다. 신한자문화권은 어느 일정 국가의 주도가 아닙니다. 모두가 새로운 주인으로 참여하고, 모두가 주인 으로서의 독특한 역할과 의무를 가지고 있습니다. 또한, 각 국가 간의 상호 이해와 협력, 교류는 새로운 한자문화권을 발전시키는 중요한 원동력입니다.

지금 우리에게 필요한 것은 한자와 한문에 대한 객관적 시선입 니다. 한자는 중국에서 출발하지만 중국만의 문자가 아닙니다. 한 자를 공부한다는 것은 사대주의가 아닙니다. 한자는 문자일 뿐입 니다.

끝으로 이 책을 읽는 여러분들에게 조금이라도 객관적으로 한 자를 이해하는 데 도움이 되었기를 바랍니다.

허철 許喆

전 경성대학교 한국한자연구소 HK교수.
성균관대학교에서 한문교육전공으로 학사와 석사를, 중국 북경사범대학에서 「고금 한국 한자 사용 분석 연구」로 한자학 박사 학위를 받았다. 한국의 한자학, 한자교육, 한문교육 관련 연구와 디지털 동아시아 고전학 관련 연구 등에 집중하고 있다.
2024년 현재까지 한국연구재단 등재지에 56편의 관련 논문을 게재하였으며, 4권의 전문서적과 번역서를 개인과 공동으로 출판하였고, 총 18개의 국가연구과제에 연구책임자와 공동연구원으로 참여한 바 있다.

이해윤 李海潤

단국대학교 한문교육연구소 연구교수.
숙명여자대학교 중어중문학과를 졸업하고, 연세대학교 중어중문학과에서 중국문자학으로 석사학위를 받았다. 중국 북경사범대학 중문과에서 「조선 후기 『經史百家音訓字譜』 연구」로 박사학위를 받고, 현재 단국대학교 한문교육연구소에서 연구교수로 재직 중이다. 연세대학교에서 강의를 맡고 있으며, 한자학, 한자교육, 한국자서, 디지털인문학에 관심을 갖고 연구하고 있다.

경성대학교 한국한자연구소 한자학 교양총서 01

한자학개요

초판1쇄 인쇄 2024년 4월 15일
초판1쇄 발행 2024년 4월 26일

지은이   허철 이해윤
펴낸이   이대현
편집   이태곤 권분옥 임애정 강윤경
디자인   안혜진 최선주 이경진
마케팅   박태훈 한주영

펴낸곳   도서출판 역락
출판등록   1999년 4월 19일 제303-2002-000014호
주소   서울시 서초구 동광로 46길 6-6 문창빌딩 2층 (우06589)
전화   02-3409-2060
팩스   02-3409-2059
홈페이지   www.youkrackbooks.com
이메일   youkrack@hanmail.net

ISBN   979-11-6742-712-0 04700
    979-11-6742-569-0 04080(세트)